현업 실물 투자 노하우와 개인 투자 접목

자산운용사 부장은 이렇게
투자합니다

DAVID.최 지음

> 목차

머리말　　　　　　　　　　　　　　　　　　　　　　　　　　004

1. 상업용 부동산 투자를 위해 필요한 기본 개념 및 투자 프로세스　　011

2. 김과장과 함께하는 자산운용사 간접 체험: 현실 속 투자 이야기　　061

3. 가상 프로젝트 #1 　서울 소재 호텔　　　　　　　　　　　　　065

4. 가상 프로젝트 #2 　지방 광역시 상업 시설 1　　　　　　　　　081

5. 가상 프로젝트 #3 　서울 소재 외곽 권역 오피스　　　　　　　091

6. 가상 프로젝트 #4 　서울 업무 중심 권역 오피스　　　　　　　109

7. `실제 상가 투자 사례 #1` 코어 전략 투자 사례(미금 A 상가)　　　　　123

　　(특징: 공실 걱정 없는 핵심 입지, 꾸준한 월세 수익 구조 + 임대료 인상 후 매각)

8. `실제 상가 투자 사례 #2` 코어 플러스 전략 투자 사례(미금 B 상가)　　　153

　　(특징: 핵심 입지 + 저가 매입 + 철거 + 적정 임대료를 통한 임차인 유치)

9. `실제 상가 투자 사례 #3` 부가 가치 전략 투자 사례(야탑 A 상가)　　　　175

　　(특징: 리스크를 감수하고 가치를 높이는 투자, 리모델링 후 임차인 유치)

10. `실제 상가 투자 사례 #4` 부가 가치 전략 투자 사례(구리 A 상가)　　　235

　　(특징: 구조적 문제 해결 수익 극대화, 인근 상가 추가 매입 후 임차인 유치)

맺음말　　　　　　　　　　　　　　　　　　　　　　　　　　　290

(머리말)

　부동산 업계에 처음 발을 들였을 때, 나는 막연한 기대와 설렘으로 가득 차 있었다. 대학 시절, 부동산 기관 투자자라는 직업은 나에게 너무도 매력적으로 다가왔고, 실물을 다루면서도 수익을 창출하는 전문가라는 이미지가 머릿속에 자리 잡고 있었다.

　그러나 현실은 생각과는 많이 달랐다. 매일 수많은 프로젝트를 쫓고, 복잡한 계약 구조를 파헤치며, 예상치 못한 변수들에 대처해야 하는 날들의 연속이었다. 오피스 매입부터 호텔 매각, 지방 상업 시설 연착륙까지, 각 프로젝트마다 다른 문제와 마주하며 "이게 진짜 투자 운용이구나"라는 깨달음을 얻게 되었다.

　때로는 부실 자산을 끌어안고 해결해야 할 때도 있었고, 투자자들이 몰려와 불만을 쏟아낼 때도 있었다. 그 과정에서 나는 "왜 하필 나한테 이런 일이……"라는 생각을 수도 없이 했지만, 묘하게도 그럴 때마다 느꼈다. 이 일이야말로 진짜 부동산 금융의 본질을 보여 주는 거라고.

　우리가 수익을 논할 때 자주 놓치는 부분이 있다. "왜 그들은 그 자산을 팔려고 할까?"라는 질문이다. 잘 돌아가는 자산이라면 굳이 팔 이유

가 없으니까. 그럼에도 불구하고 매도자들이 매각을 결정하는 이유와 그 속내를 파악하는 것, 그것이야말로 투자운용사의 가장 중요한 능력이다. 결국 투자와 운용은 단순히 돈을 굴리는 것이 아니라, 사람의 심리와 자산의 미래를 읽어 내는 일이라는 걸 깨달았다.

협상과 분석 끝에 얻은 결론은 하나다. 좋은 딜은 절대 쉽게 오지 않는다. 첫눈에 반할 만큼 매력적인 물건도 알고 보면 속사정이 있다. 그래서 냉철한 판단력과 경험, 그리고 조금의 직관이 필요하다.

좋은 투자라는 건 단순히 수익률로 결정되는 게 아니다. 얼마나 깊이 파고들어 그 자산의 진짜 가치를 읽어 낼 수 있는지, 그리고 위기 상황에서 어떻게 대응할 것인지, 그 복잡한 방정식을 푸는 과정이야말로 진짜 전문가의 역할이다.

부동산 기관 투자자들은 정답이 없는 게임을 풀어 가는 사람들이다. 데이터를 파고들어 해답을 찾고, 자산의 본질을 꿰뚫어 보며, 사람들의 심리까지 계산하는 것이 우리의 일이다. 그런 과정 속에서 때로는 지치기도 하고, 억울하기도 하지만, 딜을 성사시켰을 때의 짜릿함은 말로 다할 수 없다.

  아마 이 책을 집어 든 여러분도 부동산 금융에 대한 열정과 꿈을 갖고 있을 것이다. 하지만 명심해야 한다. 수익과 성공을 말할 때, 그 뒤에 숨어 있는 수많은 난관과 실패를 무시해서는 안 된다. 이 책은 그런 어려움을 직접 겪어 본 한 사람의 이야기다.

  가상의 인물인 김과장과 함께 투자 운용의 현실을 간접 체험하며, 금융권에서 일하는 이들의 진짜 고민과 도전의 순간을 느껴 보길 바란다. 이 여정 속에서 단순히 성공 사례만을 보는 것이 아니라, 실패와 교훈 속에서 얻은 진짜 인사이트를 배워 가길 희망하며.

  부동산 자산운용사에서 일하면서 얻은 경험과 지식은 개인적으로 부동산 투자를 할 때도 엄청난 도움이 되었다.

  처음에는 단순히 대규모 자산을 다루는 일과 개인 투자가 무슨 연관이 있을까 싶었다. 하지만 시간이 지나면서 깨닫게 된 것은, 기관 투자에서 얻은 노하우와 전략이 개인 투자에도 적용될 수 있다는 점이었다.

  기관 투자자 사이드에서 매입, 매각, 운영까지의 전 과정을 다루면서

시장을 보는 눈이 자연스럽게 길러졌고, 그 안에서 리스크를 최소화하고 수익을 극대화하는 방법을 체득할 수 있었다.

기관 투자는 엄청난 자본을 기반으로 움직인다. 대규모 프로젝트를 위해 다수의 이해관계자와 협의하고, 리스크를 줄이기 위해 다양한 시나리오를 검토하며, 계약 단계에서는 철저하게 검토하고 분석하는 과정을 거친다.

이런 시스템 속에서 투자자들의 요구와 리스크 감수 성향을 파악하면서, 내가 투자자로서 갖춰야 할 마인드 셋과 현실적인 투자 판단 능력을 기를 수 있었다.

특히, 개인 투자에서는 놓치기 쉬운 부분까지 꼼꼼히 검토하게 되었다. 예를 들어, 단순히 수익률이 높다고 해서 덥석 매수하지 않고, 그 이면에 숨겨진 리스크 요인을 분석하게 된다. 공실 리스크, 매각 가능성, 시장 수급 상황 등 기관 투자자들이 고민하는 수많은 변수를 개인 투자에서도 자연스럽게 고려하게 된 것이다.

또한, 시장을 바라보는 시각이 넓어졌다. 기관에서 수많은 딜을 검토하고 협상하면서 얻은 데이터와 인사이트가 결국 개인 투자에도 그대로 이어졌다. 어떤 상권이 뜨고 있는지, 수익형 부동산과 거주형 부동산의 특성이 어떻게 다른지, 그리고 트렌드 변화가 임대료와 매각가에 미치는 영향을 직접 체감하면서, 개인 투자에서도 더욱 전략적인 접근을 하게 되었다.

한편으로는, 감정에 휘둘리지 않는 냉정한 투자 마인드를 가지게 된 것도 큰 자산이다. 기관 투자자들은 기본적으로 냉철하고 계산적이다. 실패를 감수하기보다는 철저히 분석하고 전략적으로 접근하려고 한다. 그래서 개인 투자에서도 단순히 '느낌'이나 '감'에 의존하지 않고, 데이터를 기반으로 한 철저한 분석과 신중한 판단을 통해 투자 결정을 내리게 되었다.

또 하나의 장점은 협상 능력이다. 기관 투자에서 매수자와 매도자, 운영사와 협력 업체 등 다양한 이해관계자와 협상하는 경험을 통해, 개인 투자에서도 자연스럽게 가격 협상이나 조건 조율에 능숙해졌.

단순히 가격을 깎는 것이 아니라, 매도자가 어떤 심리로 나오는지, 그

심리적 압박을 어떻게 활용할지를 직감적으로 파악할 수 있게 되었다.

결국, 부동산 자산운용사의 경험은 개인 투자에도 많은 도움이 되었다. 대규모 프로젝트를 통해 배운 것들을 작은 단위의 개인 투자에 응용하면서, 리스크를 최소화하고 수익을 극대화하는 데 큰 역할을 해 왔다.

부동산 금융과 투자 운용을 현장에서 직접 체득하면서 얻은 노하우는 개인의 재산을 지키고 불리는 데에도 든든한 자산이 되었다.

기관 투자와 관련된 내용은 업무 특성상 보안 및 민감한 정보가 포함되어 있어 상세히 소개하기 어려운 점 독자 여러분의 양해를 구한다.

다만, 기관 투자 영역에서 다루는 실물 부동산 투자 기법과 원칙들은 뒤에서 소개할 개인 부동산 투자 사례에서도 동일하게 적용 가능한 부분이 많다.

따라서 이후에 서술할 개인 부동산 투자 사례를 살펴보면서, 독자 여러분의 부동산 투자 활동에 실질적으로 활용할 수 있는 다양한 인사이트와 투자 노하우를 얻어 가기를 바란다.

CHAPTER 1

상업용 부동산 투자를 위해 필요한 기본 개념 및 투자 프로세스

01 상업용 부동산 투자를 위해 필요한 기본 개념 및 투자 프로세스

우선, 부동산 기관 투자자들이 중요하게 생각하는 개념인 COC, IRR, 리스크 헷지 전략, 투자 시 담보 확보 4가지 항목에 대해 간략하게 개념 정립을 해 보자.

COC는 말 그대로 "Cash on Cash Return"인데, 직역하면 "현금 대비 현금 수익률"이다. 쉽게 얘기해서 내가 투자한 돈 대비 매년 들어오는 돈이 얼마인지 보는 것이다.

해당 개념이 중요한 이유는 아무리 건물이 멋지고 비싸 보여도, 정작 임대료가 안 나오면 돈 먹는 하마이기 때문이다.

그래서 COC는 "이 건물에 투자한 돈으로 매년 얼마를 벌 수 있느냐"를 보여 주는 아주 직관적인 지표이다.

COC 계산 공식은 연간 순현금 흐름을 초기 투자금으로 나눠 주면

된다.

예를 들면, 김과장이 상가를 하나 샀다고 치자.

매입 가격 10억, 대출 6억, 자기 자본 4억, 매달 임대료로 1억, 대출 이자 2,400만 원, 운영 비용을 1,200만 원이라고 가정하면 COC가 16%라고 할 수 있다.

쉽게 말해서, 1억 투자할 경우 매년 1,600만 원을 벌고 있다는 뜻이다.

COC의 의의는, 실제로 "현금"이 얼마나 들어오는지를 보여 준다는 것이다.

대부분의 사람들이 부동산 투자를 할 때 가장 신경 쓰는 게 결국 현금 흐름이다. 왜냐하면 건물 가격이 오르는 건 나중 문제이기도 하기 때문이다.

그런데 투자 의사 결정 시 해당 지표로만 판단하면 또 문제가 생길 수 있다.

예를 들어, 건물 값이 10억에서 20억으로 올랐다고 치자. 그런데 COC는 여전히 16%로 나온다. 왜냐하면 임대료가 변하지 않았으니까.

그래서 이게 부동산 가치 상승을 반영하지 못하는 단점이 있다.

또 한 가지, 공실 리스크를 무시하고 있다. 만약 갑자기 임차인이 나가 버리면? 그럼 수익률이 0%가 되기에 COC가 높다고 해서 무조건 좋은 건 아니다.

COC가 높다고 무조건 좋은 투자라고 착각하지 말자. 현금 흐름은 중요하지만, 미래 가치 상승이나 리스크 관리도 함께 생각해야 한다.

이를 보완하기 위해 함께 투자 수익성 지표로 살펴볼 것이 IRR 개념이다.

IRR^{Internal Rate of Return}은 내부 수익률을 의미하며, 투자에서 발생하는 현금 흐름을 투자자가 요구하는 요구 수익률로 나눴을 때 초기 투자금과 같아지는 수익률을 뜻합니다.

쉽게 말해, 투자자가 투입한 자본이 수익으로 회수되는 속도를 반영하여 수익률을 계산하는 지표이다.

해당 지표의 중요한 특성으로 COC와 다르게 돈의 시간 가치를 반영하여 수익성을 평가한다는 점이다. 같은 수익이라도 더 빨리 회수되는 돈이 더 가치 있다는 개념이 중요하기 때문이다.

COC와 IRR의 차이를 보여 주는 사례는 아래 표로 정리해 보면 된다.

구분	대안 1	대안 2
2025-01-01	-100	-100
2026-01-01	0	10
2026-01-01	120	110
회수 금액	120	120
COC	20%	20%
IRR	9.54%	10.00%

회수 금액은 동일하지만 대안 1의 경우 대안 2보다 낮은데 이는 대안 2는 26년 1월 1일에 배당금을 회수했기 때문이다.

IRR은 유용한 수익성 지표이지만, 몇 가지 한계점도 있다.

첫째, 복수의 IRR이 발생할 수 있는 경우이다.

현금 흐름이 불규칙하거나 중간에 마이너스 현금 흐름이 발생하면 두 개 이상의 IRR이 나올 수 있다. 이러한 상황에서는 IRR만으로 의사 결정을 하기 어려우며, NPV와 함께 분석해야 한다.

NPV는 투자 프로젝트의 미래 현금 흐름을 현재 가치로 환산하여 계산한 금액을 말한다. 즉, 앞으로 벌어들일 돈이 지금 돈으로 얼마의 가치가 있는지를 계산하는 것이다.

NPV가 0 이상이면 투자 타당성이 있는 것이다. 예를 들어 이해해 보자.

구분	현금 흐름	요구 수익률	할인 년수	현재 가치
2025-01-01	-100	5%	0	-100
2026-01-01	7	5%	1	6.6
2027-01-01	105	5%	2	95.2
계	12			1.8

위와 같이 명목상 현금 흐름을 합해 보면 100원을 투자해서 112원을 회수하므로 12원이 남는 것처럼 보이지만 투자자가 요구하는 요구 수익률 5%를 적용해서 각 연도별 현재 가치를 환산해 보면 투자 금액은

100원, 회수 금액은 101.8원으로 1.8원이 남는다고 볼 수 있다.

즉, NPV가 1.8로 0보다 크기 때문에 해당 투자안은 채택될 수 있다.

둘째, IRR이 높다고 반드시 좋은 투자는 아니다.

IRR이 높더라도 위험이 큰 투자일 수 있고, 시장 상황에 따라 그 수익률이 변동할 수 있기 때문이다.

특히 금융 위기나 경기 침체와 같은 외부 요인에 따라 수익성이 급격히 낮아질 가능성도 있다.

셋째, 투자 기간의 차이를 고려하지 못하는 경우도 있다.

A 투자안의 IRR이 15%이고, B 투자안의 IRR이 20%라면 B가 더 유리해 보이지만, A는 2년 투자이고 B는 10년 투자라면 속단할 수 없다.

따라서 IRR만을 보고 투자 의사 결정을 하는 것은 위험하고 다양한 투자 지표를 함께 봐야 한다.

다음으로 부동산 기관 투자자의 리스크 헷지 전략에 대해 살펴보자.

첫째, 포트폴리오 다각화 전략이 있다.

부동산 기관 투자자들은 특정 자산에 집중 투자 하지 않고 여러 지역과 자산 유형에 분산 투자 하여 위험을 줄인다.

예로 들면, 서울 중심 업무 지구CBD 오피스와 물류 센터에 동시에 투자하여 지역 및 상품 리스크를 분산한다.

주거용, 상업용, 물류용 등 다양한 부동산 유형에 투자하여 특정 섹터의 경기 불황에도 대비한다.

해당 리스크 관리 기법의 장점으로는 특정 지역 또는 자산 유형에 문제가 발생하더라도 전체 포트폴리오에 미치는 영향이 적지만

단점으로 관리와 운영이 복잡하며, 각 자산 유형별로 전문 인력이 필요하다.

둘째, 금리 리스크를 헷지한다.

대부분의 부동산 투자에는 대출이 활용되며, 금리 인상으로 인한 부담을 줄이기 위해 금리 스왑 등을 활용한다.

금리 스왑 계약: 변동 금리를 고정 금리로 교환하여 금리 상승에 대비.

선도 금리 계약: 미래 금리를 미리 확정하여 향후 금리 상승에 대비.

예시로, 서울 강남 소재 오피스 매입 시, 대출 금리가 3%에서 5%로 인상될 경우를 대비해 고정 금리 스왑 계약을 체결하여 금리 리스크를 저감한다.

실무적으로는 선도 금리 계약은 협상력이 강한 은행이 쉽게 허락하지 않고 금리 스왑 계약은 일부 은행에서만 취급한다.

금리 스왑 계약 체결할 경우 금리 상승시기에는 대출 이자 부담이 고정되어 안정적인 현금 흐름을 확보할 수 있는 반면 금리가 하락할 경우 고정 금리 계약이 오히려 불리할 수 있다는 점을 고려하여 시장 상황에 맞는 금리 유형을 선택할 필요가 있다.

실물 부동산 외 부동산 개발 사업은 비용 초과와 공사 지연 등 다양한 리스크가 있다.

이를 관리하기 위해 선도 매입 계약이나 CM^{Construction Management} 계약을 활용한다.

선도 매입 계약은 아직 준공되지 않은 자산을 가격을 확정 짓고 미래 특정 시점에 양수도 하는 것으로 투자자 입장에서는 매도인이 개발하는 자산 원가가 오르더라도 정해진 가격에 매입을 할 수 있어 원가 상승 리스크를 헷지할 수 있으며 건설 사업 관리^{CM}는 건설 프로젝트 전반을 계획, 관리, 통제하는 전문 서비스를 의미한다. 건축주^{발주자}를 대신하여 건설 과정 전반을 관리하며, 프로젝트가 효율적이고 안전하게 완료되도록 돕는 역할을 한다.

건설 사업은 다양한 전문 분야가 있어 투자자가 직접 개발 사업을 관리하는 것은 불가능에 가깝기 때문에 직접 개발 사업뿐만 아니라 선도 매입 계약에서도 투자자를 대신하여 사업 기획, 설계, 시공, 준공 건설 전 단계에 걸쳐 아래 4가지 항목에 대해 역할을 수행한다.

1. 비용 절감: 체계적인 비용 관리와 공정 관리를 통해 불필요한 비용 지출 통제.
2. 품질 보장: 전문가의 관리로 설계 품질과 시공 품질 확보.
3. 위험 관리: 건설 중 발생할 수 있는 위험 요소를 사전 분석 및 대비.
4. 시간 관리: 공정 관리와 일정 관리를 통해 공사 지연 최소화.

마지막으로 기관 투자자가 주로 실무에서 투자하게 되는 각 유형별 _{실물 부동산 담보 대출, PF 대출, 우선주 투자, 보통주} 담보 확보 방안에 대해 알아보자.

이는 개인적인 구분 상가 투자에서는 완벽하게 적용되기가 다소 어렵지만 개인 투자에서도 어떤 리스크가 있는지 어떤 것이 담보가 될 수 있는지 한번 더 고민하고 투자를 할 수 있게 만들어 줄 것이다.

담보 대출은 대출자가 부동산을 담보로 제공하고 금융 기관으로부터 자금을 조달하는 것을 의미하며 주로 기관 투자자가 실물 부동산에 투자할 때 발생된다.

대출 기관 및 투자자는 대출금 상환 가능성을 높이기 위해 저당권 설정, 화재 보험 가입 유도, 대출 불이행 시 보증인을 확보하는 절차를 진행하며 근본적으로 DSCR 지표 검토를 통해 안정성을 검증한다.

DSCR은 쉽게 얘기해 부동산에서 발생하는 수익으로 대출 이자와 원금을 얼마나 잘 갚을 수 있는지를 보여 주는 비율이다.[(임대료-부동산 운영 비용)/이자]

PF 대출은 개발 사업을 위해 프로젝트 자체를 담보로 하여 자금을 조달하는 방식으로, 주로 대규모 부동산 개발 사업에서 사용된다.

대출 기관과 투자자는 사업의 수익성 검토를 통해 상환 가능성을 판단하며, 프로젝트를 운영할 특수 목적 법인SPC에 담보를 설정하고, 시공사의 완공 보증대출 만기까지 건물 준공이 안 될 경우 시공사가 PF 대출을 대신 변제이 주로 활용된다.

우선주 및 보통주 투자는 재산 분배에 있어 순위만 다를 뿐 앞서 언급한 담보 대출, PF과 같은 대출 투자 대비 상환 순서에 있어 후순위로 사실상 부동산 본질 수익 가치와 미래 가능성을 잘 분석할 줄 알아야 한다.

즉, 대출 투자자처럼 특별한 담보 가치 확보 방법이 있는 것이 아닌 철저한 사업성 분석과 부동산 시장 환경에 대한 높은 이해도가 있어야 하는 투자 유형이다.

그나마 우선주의 경우 주주 간 계약서, 신탁 계약서^{신탁형 펀드}, 정관^{회사형 펀드} 등에 수익 배분 구조를 명시하게 된다.

보통주의 경우 수익성이 높으면 큰 이익을 얻지만 손실 발생 시 가장 먼저 투자 손실을 입게 되는 구조이므로 타 투자 유형 대비 철저한 리스크 관리가 요구된다.

주거 상품 대비 상업용 부동산 투자가 좋은 점을 다음 표로 이해해 보자.

본 책에서는 기관 투자 분야뿐만 아니라 개인이 할 수 있는 투자 영역 또한 다룰 예정이기에 상업용 부동산과 상가를 혼용하여 사용한다는 점을 인지하여 주길 바란다.

상가		주거 상품

대출 용이(LTV(*1) 50~70%)	대출	대출 제한 (투기 지역 아파트 LTV 40~50%)
가치 상승 부가 전략 다양(*2)	전략	가치 상승 전략 제한적(Buy & Hold)
다양한 임차 업종에 대한 공부로 다양한 경험 축적 가능(*3)	경험	소극적인 투자 방식으로 사업적인 경험 축적 어려움
관리 용이(세금 계산서 발행, 임대료 청구, 부가세 신고)(*4)	관리	상가 대비 임차인 교체 주기 多, 수리 요청 등 관리 多

(*1) LTV = [대출 금액 ÷ 담보 가치(매입 금액 or 감정 가격)] × 100% → 아파트 가치가 **5억 원**이고 LTV가 70%, **최대 3억 5천만 원까지 대출 가능**.

(*2) 기존 임차인 임대료 인상, 공실 상가 매입 후 임차인 신규 유치, 리모델링 후 임대료 인상, 위탁 운영 등

(*3) 상업용 부동산 핵심은 임차인 임대료 지불 능력에 있음 → 신용도 또는 영업력 약한 임차인을 Filtering 필요 → 임차인이 속한 업종, 경쟁 강도, 매출액 등 분석 필요 → 다양한 산업군, 사업 이해도 증진

(*4) 세금 계산서 발행(월 1회, 5분 내), 임대료 청구(월 1회, 3분 내), 부가세 신고(연 2회)

아파트의 경우 차익형 상품으로 정부의 규제_{세금, 대출 등}로 2주택자부터 투자에 제약이 따른다.

특히 대출 측면에서 상가는 아파트 대비 대출이 용이하다_{상가 LTV 50~70%, 주거 상품 LTV 40~50%}, 부동산 담보 대출에서 담보 가치 대비 대출 가능한 금액의 비율을 의미한다.

* LTV = (대출 금액 ÷ 담보 가치) × 100%

투자 전략 측면에서도 상가는 주거 상품 대비 다양한 전략 구사가 가

능하다.

상가의 경우 임대료 인상, 공실 상가 매입 후 임차인 신규 유치, 리모델링 후 임대료 인상, 위탁 운영 등이 가능하지만 아파트의 경우 보유 후 매각 전략 밖에는 불가능하다.

상가 투자는 경험 측면에서도 주거 투자 대비해 우위가 있다. 이유는 아래와 같다.

"상가 투자에서 가장 중요한 요소는 임차인이 안정적으로 임대료를 지불할 수 있는 능력을 갖추었는지 여부다.

이는 단순히 공실 여부를 넘어, 투자 부동산의 현금 흐름Cash Flow과 직결되는 핵심 요소다. 따라서 신용도가 낮거나, 영업력이 약한 임차인을 필터링하는 과정이 반드시 필요하다.

특히, 임차인의 안정성을 판단하기 위해서는 해당 임차인이 속한 업종과 시장 경쟁 강도를 면밀히 분석해야 한다.

동일한 상권에서 유사한 업종 간 경쟁이 심하면 임차인의 매출이 불안정해질 가능성이 높으며, 이는 결국 임대료 지급 능력에도 영향을 미칠 수 있다.

따라서 임차인의 매출액과 업력사업 운영 기간, 상권 내 경쟁자 수, 업종의 성장성 등을 종합적으로 검토해야 한다.

또한, 안정적인 부동산 운영을 위해서는 하나의 산업군에 집중된 임차인 구성을 피하고, 다양한 업종이 혼합된 테넌트임차인 구성을 고려하는 것이 바람직하다.

특정 산업에 의존적인 건물은 경기 변동이나 트렌드 변화에 취약할 수 있기 때문이다. 이러한 분석 과정을 통해 다양한 산업군에 대한 이해도를 높이면, 보다 안정적인 임대 수익을 창출할 수 있는 투자 전략을 수립할 수 있다.

즉, 상업용 부동산의 가치는 단순히 입지나 건물 상태가 아니라, '임차인의 사업 지속 가능성'에 의해 결정된다. 투자자는 단순히 공실을 채우는 것에 집중하기보다, 어떤 임차인이 얼마나 오랫동안 안정적으로 임대료를 납부할 수 있는지를 철저히 분석하는 것이 핵심이다."

상가 투자는 주거 투자 대비 관리가 용이하다

부동산 투자의 핵심 요소 중 하나는 운영 및 관리의 편의성이다. 특히, 주거용 부동산아파트, 오피스텔과 상업용 부동산상가 간에는 임대 운영 방식 및 관리 부담에서 차이가 발생한다.

상가 투자는 체계적인 임대 관리 시스템과 장기 임차 구조를 통해 주거 투자 대비 상대적으로 관리 부담이 적은 투자 유형으로 평가된다.

주거 임대는 개별 임차인과 직접 계약을 체결하는 경우가 많아 임대료 청구, 연체 관리, 보증금 정산 등 수작업이 많고 번거로울 수 있다. 특히, 전·월세 계약의 경우 임대료 지급 방식이 다양하고 계약 갱신 주기가 짧아 지속적인 관리가 필요하다.

반면, 상가 임대는 대부분 사업자 간 계약으로 이루어지며, 세금 계산서 발행을 통해 체계적인 임대료 청구 및 관리가 가능하다.

또한, 부가 가치세 신고 절차가 명확하게 규정되어 있어 세금 처리 역시 투명하게 이루어진다. 이는 개인 간 거래가 중심이 되는 주거 임대와 비교할 때 관리 효율성을 높이는 중요한 요소다.

주거 부동산은 보통 1~2년 단위의 계약이 일반적이며, 계약이 종료될 때마다 새로운 임차인을 모집해야 하는 경우가 많다. 특히, 공실 발생 시 신규 세입자를 찾는 과정에서 임대료 손실이 발생하고, 리모델링·도배·청소 등의 추가 비용이 소요될 가능성이 크다.

반면, 상가는 업종에 따라 3년~10년 장기 계약이 일반적이며, 상권이 안정적인 경우 동일 임차인이 장기간 사업을 유지할 가능성이 높다. 따라서 공실 리스크가 상대적으로 낮고, 지속적인 임대료 수익을 창출할 수 있는 구조를 갖출 수 있다.

마지막으로 유지 보수 및 시설 관리 관점에서 생각해 보자.

주거 임대는 임차인이 생활하는 공간이므로, 보일러 고장, 수도 문제, 전기 배선 문제, 벽지 손상 등 사소한 유지 보수 요청이 빈번하게 발생한다.

특히, 임차인의 퇴거 후 도배·장판 교체 등의 원상 복구 비용이 발생하며, 관리 부담이 커질 수 있다.

반면, 상가는 임차인이 직접 사업을 운영하는 공간이므로, 내부 인테리어 및 시설 유지 보수를 임차인이 부담하는 경우가 많다. 예를 들어, 카페,

식당, 병원 등의 임차인은 영업 특성에 맞게 내부 설비를 직접 시공하는 경우가 많으며, 계약 종료 시에도 기본적으로 원상 복구 의무가 부과된다.

위와 같은 사유로 임대인이 직접 부담해야 하는 유지 보수 비용이 상대적으로 적고, 관리가 수월하다.

따라서, 상가 투자는 주거 투자보다 관리가 효율적이다

주거용 부동산은 임대료 청구, 계약 갱신, 유지 보수 등에서 세부적인 관리가 필요하며, 공실 발생 시 추가 비용 부담이 클 수 있다. 반면, 상업용 부동산은 체계적인 임대 관리 시스템, 장기 임대 계약, 유지 보수 부담 감소 등의 장점을 바탕으로 운영 부담이 적은 투자 방식으로 볼 수 있다.

그러므로 장기적인 관점에서 투자 효율성과 운영 부담을 고려할 경우, 상업용 부동산 투자가 더욱 안정적인 현금 흐름을 창출할 수 있는 선택지가 될 수 있다.

상가 투자 전략 및 고려 사항

투자 전략은 4가지로 코어, 코어+, 가치 부가, 기회 추구가 있다. 나열 순으로 리스크 및 요구 수익률이 높아진다.

위 네 가지 투자 유형은 위험리스크과 기대 수익률에 따라 구분되며, 위험이 낮을수록 안정적인 투자이지만 기대 수익률이 낮고, 위험이 높을수록 수익률을 극대화할 가능성이 커지는 구조를 가진다.

투자자는 자신의 투자 성향과 감내할 수 있는 리스크 수준을 고려하여 적절한 투자 전략을 선택해야 한다.

리스크 수익률	투자 유형	정의	예시
	코어 (4~5%) (*1)	▪ 현재 입지 우수(ex. 신논현, 이태원, 홍대) ▪ 안정적인 임차인이 입점한 상가	▪ 500세대 이상 단지 내 상가, 역세권 도보 2분 이내 상가 ▪ Buy & Hold 전략 ▪ 사례: 미금역 골드프라자 (2차시 자세히 소개 예정) (매입 > 보유 > 임대료 인상 > 매각)
	코어+ (6~7%)	▪ 입지 개선 예정(ex. 지하철 개통, 재개발 등) ▪ 시세 대비 임대료 저평가된 상가 ▪ 시세 대비 저가 매수 가능 상가	▪ 현재 임차인의 최초 영업 기간이 오래된 상가 ▪ 매도인의 성향상 임대료를 높이지 않는 상가 ▪ 사례: 미금역 동양프라자 (3차시 자세히 소개 예정) (매입 > 철거 > 임대차 유치 > 임대료 인상)
	가치 부가 (7~8%)	▪ 공실 상가 매입 후 임차인 유치 (분할 임대차 유치 포함)	▪ 장기간 공실로 매도인이 지쳐서 매도하는 상가 ▪ 매입 후 임차인 유치 ▪ 사례: 구리 A 상가(5차시 자세히 소개 예정) (매입 > 추가 매입 > 임대차 유치)
	기회 추구 (9~10%)	▪ 미철거된 상가 철거 및 인테리어 후 임차인 유치	▪ 인테리어 ▪ 사례: 야탑 A 상가 (4차시 자세히 소개 예정) (매입 > 철거 > 인테리어 > 임대차 유치)

저위험 투자 전략
고위험 투자 전략

코어Core 투자 전략은 이미 입지가 확보된 상권에서 안정적인 임대 수익을 창출할 수 있는 부동산을 매입하는 방식이다. 일반적으로 공실 위험이 거의 없고, 오랜 기간 임차인이 안정적으로 유지될 가능성이 높은 자산이 이에 해당된다.

일반적으로 이 전략의 장점은 예측 가능한 현금 흐름을 기대할 수 있다는 점이지만, 반대로 가격이 이미 높게 형성되어 있어 추가적인 시세 차익을 기대하기 어렵고, 수익률도 상대적으로 낮다는 단점이 있다.

예를 들어, 500세대 이상의 대단지 아파트 내 상가, 유동 인구가 많은 핵심 상권 내 장기 임대가 확보된 건물이 코어 투자에 해당된다.

매입 후 별다른 운영 개입 없이 보유하는 전략이기 때문에, 안정적인 임대 수익을 원하는 투자자들에게 적합한 방식이다.

코어 플러스Core+ 전략은 코어 투자와 유사하지만, 리모델링, 업종 변경, 운영 방식 개선 등을 통해 추가적인 가치 상승을 기대하는 투자 방식이다.

기본적으로 입지가 좋은 지역이지만 건물 노후화로 인해 임대 수익이 다소 낮거나, 운영 방식이 비효율적인 자산을 개선함으로써 수익성을 높일 수 있는 기회가 있는 것이 특징이다.

예를 들어, 현재 임차인은 유지되고 있지만, 시설 개선을 통해 임대료를 추가로 올릴 수 있는 상가, 업종 변경을 통해 더 높은 매출을 기대할 수 있는 매장 등이 코어 플러스 투자에 해당된다.

기본적인 안정성을 확보하면서도, 개선을 통해 추가적인 수익을 기대할 수 있다는 점에서 코어 투자보다 한 단계 적극적인 접근 방식이라고 할 수 있다.

가치 부가Value-Added 전략은 현재 공실이 많거나 임차인 구성이 불안정한 건물을 매입한 후, 적극적인 개선을 통해 자산 가치를 높이는 투자 방식이다.

공실이 많다는 것은 즉각적인 임대 수익 창출이 어렵다는 것을 의미하며, 그만큼 리스크가 크지만, 성공적으로 개선할 경우 높은 수익률을 기대할 수 있다.

이 전략은 리모델링, 업종 전환, 마케팅 전략 변경 등을 통해 운영 방식을 근본적으로 개선하는 것이 핵심이다. 예를 들어, 현재 공실률이 높은 건물을 매입한 후, 임차인을 적극적으로 유치하고, 건물의 용도를 변경하거나 디자인을 개선하여 경쟁력을 높이는 방식이다.

일반적인 매입-보유 전략과 달리, 투자자가 직접 개입하여 자산 가치를 높여야 한다는 점에서 운영 경험과 상권 분석 능력이 필수적이다.

기회 추구Opportunistic 전략은 부동산 시장의 변화를 예측하고, 단기적으로 높은 수익을 기대하는 투자 방식이다.

예를 들어, 재개발·재건축이 예정된 지역의 건물을 매입하여 장기적으로 보유하는 투자, 공실이 많지만 특정 업종이 들어올 경우 높은 수익을 기대할 수 있는 상가 매입 및 인접 상가 추가 매입 후 임차인 유치

등의 전략 등이 있다.

전략은 변동성이 크기 때문에 투자금 회수 기간이 길어질 수 있으며, 자금력이 충분한 투자자들에게 적합한 방식이다.

4가지 투자 전략을 통해 우리가 생각해 봐야 할 것은 부동산 투자는 단순히 가격 상승만을 기대하는 것이 아니라, 임대 수익, 운영 방식, 시장 변동성 등을 종합적으로 고려해야 한다는 것이다.

각 전략은 투자자의 목표와 시장 환경에 따라 다르게 적용될 수 있으며, 적절한 분석 없이 무리하게 접근할 경우 기대했던 수익을 얻지 못할 수도 있다.

안정성을 우선하는 투자자라면 코어Core나 코어 플러스Core+ 전략을 선택하는 것이 바람직하며, 운영 경험이 있거나 보다 높은 수익을 기대하는 투자자는 가치 부가Value-Added 또는 기회 추구Opportunistic 전략을 고려할 수 있다.

결국, 투자자는 자신이 감당할 수 있는 리스크와 목표하는 수익률을 정확히 이해하고, 장기적인 관점에서 투자 전략을 수립하는 것이 중요하다.

준비되지 않은 투자자라고 한다면 리스크가 높은 투자 유형이 반드시 수익률이 높지 않다는 사실은 아래 표로 설명할 수 있다.

저위험 vs 고위험 자산 투자 수익률 비교

투자 전략	IRR (내부 수익률)	2025-01-01 (매입)	2026-01-31	2027-01-31	2028-01-31	2029-01-31	2030-01-31
저위험 (코어, 코어+)	5.72%	-100	4	4	110 (매각)		
고위험 (부가 가치, 기회 추구)	5.70%	-100	-2	-2	8	8	120 (매각)

주요 가정

주요 가정	저위험	고위험
매입 금액	100원	100원
연 임대 수익	4원	8원
매각 시점	3년 보유 후 매각	5년 보유 후 매각 (2년은 안정화 기간)
매각 금액	110원	120원

위 표는 저위험 투자 전략코어, 코어+과 고위험 투자 전략부가 가치, 기회 추구의 가상 수익률 비교표이다.

주요 공통 가정으로 매입 금액 100원, 연 임대 수익 4원저위험, 연 임대 수익 8원고위험, 저위험 투자 전략의 경우 매각 시점은 2년 보유 후 매각하고 고위험 투자 전략은 공실 기간 2년, 임대료 수령 2년 후 매각하는 것으로 가정하였다.

매각 금액은 저위험 투자 전략의 경우 110원, 고위험 투자 전략의 경우 120원을 가정하였다.

결과를 살펴보면 저위험 투자 전략 임대료가 고위험 투자 전략 대비 2배 낮지만 안정성 있는 임대료 수취를 통해 리스크 관리를 못한 고위험 투자 전략 대비 높은 성과를 달성한 것을 확인할 수 있다.

IRR은 시간 가치를 고려한 수익률이다. 이를 자세히 설명하면 아래와 같다.

투자를 할 때 단순히 얼마를 벌었느냐만 따지는 것이 아니라, '언제' 벌었느냐도 중요한 요소가 된다. 예를 들어, 같은 1억 원의 이익이라도 1년 만에 벌었느냐, 10년에 걸쳐 벌었느냐에 따라 그 가치는 달라진다.

IRR내부 수익률, Internal Rate of Return은 이러한 시간의 흐름에 따른 자금의 가치를 반영하여, 투자 수익률을 보다 현실적으로 평가하는 지표이다. 이는 현재 투자한 자금과 미래에 회수할 수 있는 금액을 고려하여, 연평균으로 환산한 수익률을 계산하는 방식을 의미한다.

IRR은 시간이 지날수록 돈의 가치가 변한다는 사실을 반영하여, 투자의 실질적인 수익성을 평가하는 지표이다. 투자자들은 이를 통해 투자 대안별로 어느 것이 더 유리한지를 비교하고, 장기적으로 높은 수익을 기대할 수 있는 투자처를 선별하는 데 활용할 수 있다.

결론적으로, IRR은 단순한 총수익률이 아니라, 투자 기간을 고려하여 투자금의 회수 시점과 수익의 흐름까지 반영한 수익률이므로, 보다 정교한 투자 판단을 가능하게 하는 핵심적인 지표라 할 수 있다.

예시로 아래 두 가지 투자 사례가 있다. 두 사례 모두 수령 총 금액은 같지만

옵션 1: 1억 원을 투자하고 3년 뒤에 1억 5천만 원을 돌려받음

　　　(총수익 50%)

옵션 2: 1억 원을 투자하고 매년 5천만 원씩 3년 동안 나누어 받음

　　　(총수익 50%)

시간 가치를 고려한 수익률은 아래와 같이 차이가 난다.

옵션 1: 1억 투자 후 3년 뒤 1.5억 회수 → IRR = 14.47%

옵션 2: 1억 투자 후 매년 5천만 원씩 3년 동안 회수 → IRR = 23.38%

IRR이 중요한 이유는, 같은 수익이라도 얼마나 빠르게 현금을 회수하느냐에 따라 실제 투자 가치가 달라지기 때문이다.

더 빨리 돈을 회수할수록 새로운 투자 기회를 잡을 수 있고, 그만큼 돈의 가치도 높아진다.

위 사항을 통해 자신의 성향을 파악하고 이해했으면 다음 사항에 충족이 됐는지 검토하고 상가 투자를 진행하자.

주거 안정	투자 주체 결정	임차인 유치 후보 설정

- 1세대 1주택 양도세 비과세 혜택 매우 큰 혜택 - 주거 안정 → 심리적 안정 - 전월세 거주 시 시장 환경, 집주인 변심에 따라 잦은 이사 필요 - 아무리 그래도 아직 대한민국은 아파트 공화국 - 은퇴를 앞둔 분들은 예외	- 1~2개 매수 시 개인 명의 적절 - 양도 소득세 큰 물건은 법인 투자 필요 (24.2 vs 45) - 증여 상속 고려 시 법인 활용 - 단기 투자 시 법인 활용 - 건강 보험료 고려 시 법인 활용	- 매수 전 입지에 걸맞는 임차인 후보군 물색 필요 - 적절한 임차인 후보 파악 후 사전 의향 파악 필요 - 가격이 저렴하다면 의향 파악 생략 가능 - 직접 사업 접목 가능 여부 확인 - 직접 사업 가능한 업종 파악(무인 관련, 고시원, 공유 오피스 등)

주거 안정

상가 투자는 1주택을 확보 후 진행해라.

부동산 투자에서 상가를 매입하기 전에 고려해야 할 가장 중요한 요소 중 하나는 주거 안정의 확보 여부다. 상가 투자는 일정한 임대 수익을 창출할 수 있는 매력적인 투자 방식이지만, 그만큼 공실 위험, 경기 변동성, 상권 변화 등의 변수가 존재한다.

투자자는 상업용 부동산에 대한 접근 이전에, 자신의 거주 공간이 안정적으로 확보되어 있는지를 먼저 점검할 필요가 있다.

주거 안정이 확보되지 않은 상태에서 상가 투자를 우선하는 것은 리스크가 크다. 주거용 부동산은 실거주 목적이기 때문에 시장 변동에 크게 영향을 받지 않지만, 상업용 부동산은 경제 상황, 소비 트렌드, 임차인의 사업 지속 여부 등에 따라 수익성이 달라질 수 있다.

예를 들어, 경기 침체나 예상치 못한 시장 변화로 인해 상가의 임대 수익이 줄어들거나 공실이 발생할 경우, 주거 비용까지 부담해야 하는 상황에서는 재정적 압박이 더욱 심화될 수 있다.

또한, 상업용 부동산 투자에는 장기적인 운영 전략이 필요하다. 임차인과의 계약 기간, 공실 관리, 시설 유지 보수 등 지속적인 관리가 필수적이며, 단기적인 차익 실현이 어렵거나 예상보다 긴 보유 기간이 필요할 수도 있다.

이런 상황에서 자신의 주거가 불안정하면 투자에 대한 심리적 부담이 커지고, 장기적인 전략을 세우기 어려워진다.

따라서 주거 안정이 선행된 후 상가를 매입하는 것이 바람직하다. 주거 비용이 안정적으로 관리되는 상태에서 상가 투자에 나서면, 예상치 못한 리스크가 발생하더라도 투자 전략을 유연하게 조정할 수 있는 여력이 생긴다.

아울러, 안정적인 주거 환경은 심리적인 여유를 제공하여 보다 객관적인 시각으로 투자 판단을 내리는 데 도움이 된다.

결국, 상가 투자는 주거 안정 이후, 여유 자금과 장기적인 계획을 바탕으로 접근해야 하는 투자 방식이다.

안정적인 거주 환경이 확보된 상태에서, 본인의 재정 상태와 투자 목적에 맞는 상가를 신중히 선택하는 것이 상업용 부동산 투자에서 성공할 수 있는 가장 중요한 출발점이 될 것이다.

투자 주체 결정(개인 vs 법인)

부동산 투자 시 개인 명의와 법인 명의 중 어떤 방식을 선택할지에 따라 세금, 상속, 투자 전략 등에 큰 차이가 발생한다. 따라서, 투자 규모와 목적에 따라 적절한 방식을 선택하는 것이 중요하다.

먼저, 소규모 투자 1~2개 매수의 경우 개인 명의로 보유하는 것이 상대적으로 유리하다. 개인 명의로 보유하면 별도의 법인 설립 절차가 필요 없으며, 법인 운영에 따른 회계·세무 관리 부담이 적다. 또한, 일정 기간 보유 후 매도할 경우 장기 보유 특별 공제 등의 혜택을 받을 수 있어, 보유 기간이 길다면 개인 명의가 적절한 선택이 될 수 있다.

하지만, 양도 소득세가 큰 물건을 매도할 계획이라면 법인 명의로 투자하는 것이 더 유리할 수 있다. 개인 명의로 부동산을 매도할 경우 최대 45%의 양도 소득세가 부과될 수 있는 반면, 법인의 경우 법인 세율 최대 24.2%이 적용되어 세금 부담이 상대적으로 줄어든다.

특히, 단기 투자 1~2년 이내 매각 시 개인 명의로 보유하면 높은 세율이 적용되므로, 단기 차익을 노리는 투자자는 법인 명의를 고려할 필요가 있다.

또한, 증여 및 상속을 고려하는 경우에도 법인을 활용하는 것이 유리할 수 있다. 법인 명의로 부동산을 보유하면 상속세 및 증여세 부담을 줄일 수 있는 다양한 절세 전략을 활용할 수 있으며, 주식 형태로 지분을 이전하는 방식으로 상속·증여가 가능해진다.

마지막으로, 건강 보험료 부담을 고려하는 경우에도 법인 활용이 유리할 수 있다. 개인이 부동산을 보유하면 임대 소득이 건강 보험료 부과 대상이 되지만, 법인 명의로 부동산을 보유하면 임대 소득이 건강 보험료 부과 대상에서 제외될 수 있다.

따라서, 임대 소득이 높은 경우 법인 명의로 부동산을 보유하는 것이 장기적으로 건강 보험료 절감 효과를 가져올 수 있다.

결론적으로, 소규모 장기 투자라면 개인 명의, 단기 투자·절세·상속·건강 보험료 절감 등을 고려한다면 법인 명의가 적절한 선택이 될 수 있다. 투자 목적과 세금 전략을 종합적으로 고려하여 신중하게 의사 결정을 내리는 것이 중요하다.

임차인 유치 후보 설정

상가 투자는 단순히 부동산을 매입하는 것이 아니라, 지속적인 임대 수익을 창출할 수 있도록 운영하는 것이 핵심이다.

따라서 상가를 매입하기 전, 어떤 업종의 임차인을 유치할 수 있을지에 대한 계획을 세우는 것이 필수적이다.

투자자들은 종종 상권과 건물 상태만을 고려하여 매입 결정을 내리지만, 실질적인 투자 수익률을 결정하는 요소는 임차인의 존재 여부와 안정적인 임대료 지급 능력이다.

임차인을 확보하지 못하면 투자 수익이 불확실해진다. 아무리 좋은 입지의 상가라도, 적절한 임차인을 유치하지 못하면 공실이 발생할 가능성이 크다.

특히, 특정 업종이 선호되는 상권이라면 그 업종에 적합한 사업자를 사전에 고려해야 하며, 해당 상권 내 경쟁 강도, 업종별 수요 변화 등을 면밀히 분석해야 한다.

상가 투자에서 공실률은 직접적인 손실로 이어지며, 대출을 활용한 투자라면 금융 비용까지 부담하게 되어 재정적 리스크가 커질 수 있다.

또한, 임차인의 업종에 따라 건물 활용 방식과 시설 투자 비용이 달라질 수 있다. 예를 들어, 일반 사무실로 임대할 계획이라면 비교적 시설 투자 비용이 적게 들지만, 카페나 음식점과 같은 업종이 들어올 경우 추가적인 인테리어나 설비 개선이 필요할 수 있다.

만약 건물 구조가 특정 업종에 적합하지 않다면 임차인 유치에 어려움을 겪게 되고, 결국 예상보다 낮은 임대료를 받거나 장기간 공실 상태로 방치될 가능성이 높아진다.

임차인의 신용도와 사업 지속 가능성도 고려해야 한다. 임대차 계약을 체결하더라도, 임차인이 사업을 유지하지 못하면 결국 공실이 발생할 수밖에 없다.

매입 전부터 해당 지역에서 안정적으로 영업을 지속할 수 있는 업종과 사업자를 고려해야 하며, 프랜차이즈나 안정적인 매출을 보유한 기업형 임차인과의 계약이 가능한지 검토할 필요가 있다.

상가를 매입하기 전에 임차인 유치 후보를 미리 생각하는 것은 공실 리스크를 줄이고, 보다 안정적인 투자 수익을 확보하는 데 필수적인 과정이다.

단순히 "좋은 상권에 위치한 상가"라는 이유로 투자하는 것이 아니라, 구체적으로 어떤 업종이 적합하고, 어떤 임차인이 입점할 가능성이 높은지를 분석해야 성공적인 상업용 부동산 투자로 이어질 수 있다.

셋째, 투자 명의 선택은 다양한 요소 고려하여 세무사 상담 후 결정하되 간략하게 가이드는 아래와 같다.

상가를 1~2개만 포트폴리오 차원에서 매수할 계획이면 개인, 투자 후 단기로 매도할 경우 매각 차익이 5천만 원 이상 발생 예상, 증여 상속 고려 시 법인 활용을 하면 된다.

기본적인 개념과 유의 사항을 확인했으면 부동산 투자 프로세스를 알아보자.

부동산 투자 절차는 물건 발굴, 유동 인구, 배후 수요 등 파악, 대출, 협의, 운영, 매각순으로 이루어지며 차례대로 살펴보자.

물건 발굴	유동 인구, 배후 수요 등	대출
	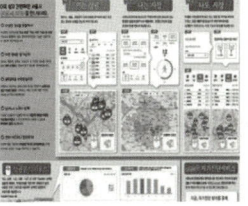	
• 부동산의 경우 AI가 접근하지 못하는 사람 심리를 움직이는 영역임 • 물건지 인근 부동산 사장님들로부터 물건 발굴하는 것을 추천 • 커피 들고 자주 방문하여 얼굴 익히는 게 좋음 • 경매, 공매 등을 통해도 발굴 가능 • 유튜브로 소개되는 물건은 비추천	• 유동 인구는 1층 상가에 있어 중요 • 1층 이외 상가의 경우 목적성을 갖춰 유동 인구 중요성이 상대적으로 떨어짐 • 배후 수요의 경우 직장 인구, 거주 인구 등이 있음 • 직장 인구, 거주 인구에 따라 임차인 업종 상이 • 직장 인구 많으면 식당, 병의원 등 편의 시설 필요 • 거주 인구 많으면 마트 등 생활 편의 시설 필요	• 연초에 접촉 필요(돈이 풀리는 시점 금리 저렴) • 3군데 이상 접촉 필요 • 지점장 재량이 크게 작용 • 거래를 많이 한 지인을 통해 소개받는 것이 중요 • 물건지 인근 은행이 이해도 높음

물건 발굴

부동산 시장은 단순한 숫자 분석만으로 접근하기 어려운, 인간 심리가 깊이 개입되는 영역이다. 수식이나 코인과 달리, 부동산은 매도인의 성향, 지역 특성, 중개업소와의 관계 등이 투자 성패를 좌우할 수 있는 요소로 작용한다.

이러한 특성 때문에, AI나 데이터 분석만으로는 가치 있는 부동산을 발굴하는 것이 어렵다. 따라서, 현장에서 직접 네트워크를 구축하고, 시장 참여자들과의 관계를 형성하는 것이 중요하다. 특히, 해당 지역에서 오래 활동한 부동산 중개업소 사장님들은 시장의 흐름과 숨겨진 매물을 파악하고 있는 경우가 많다.

좋은 부동산 기회를 포착하기 위해서는 커피 한 잔을 들고 중개업소를 자주 방문하여 얼굴을 익히는 것이 유리하다. 중개업소 사장님과 신뢰 관계를 쌓으면, 시장에서 공식적으로 나오지 않은 매물이나 급매 정보를 먼저 접할 수 있는 기회가 생길 가능성이 커진다.

이 외에도 경매나 공매를 통해 부동산을 발굴하는 방법도 있다. 하지만, 이러한 방식은 경쟁이 치열하고, 법적·행정적 절차가 복잡할 수 있어 투자 경험이 부족한 경우 신중한 접근이 필요하다.

한편, 유튜브나 온라인 매체를 통해 대중에게 공개된 물건은 이미 여러 투자자들이 관심을 갖고 있는 경우가 많아, 가격이 높거나 기대 수익률이 낮을 가능성이 크다. 따라서, 직접 발로 뛰며 물건을 발굴하는 노력이 결국 더 좋은 투자 기회를 가져다줄 수 있다.

유동 인구, 배후 수요 등 분석

상업용 부동산에서 유동 인구는 1층 상가의 가치를 결정짓는 핵심 요소 중 하나이다. 1층 상가는 길을 지나가는 고객의 즉흥적인 방문이 많고, 노출 효과가 크기 때문에 유동 인구가 많을수록 매출에 직접적인 영향을 미친다.

따라서, 1층 상가 투자 시 유동 인구의 흐름을 면밀히 분석하는 것이 필수적이다.

　반면, 1층 이외의 상가2층 이상, 지하층 등는 고객이 목적성을 가지고 방문하는 경우가 많아 유동 인구의 영향력이 상대적으로 떨어진다.

　이러한 상가는 미리 목적을 갖고 방문하는 업종병원, 학원, 피트니스 센터, 사무실 등에 적합하며, 단순한 유동 인구보다는 배후 수요를 고려하는 것이 더욱 중요하다.

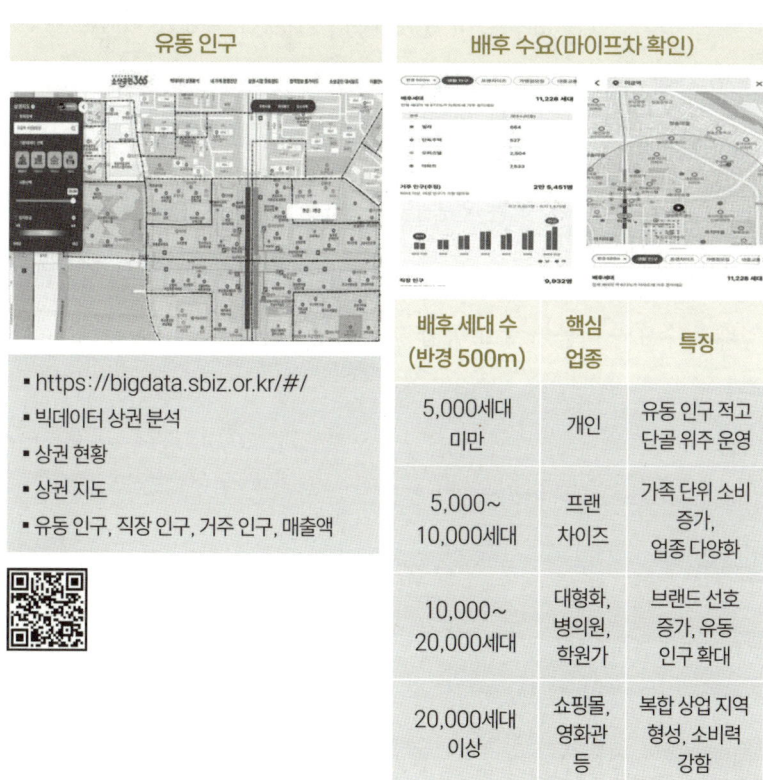

배후 세대 수 (반경 500m)	핵심 업종	특징
5,000세대 미만	개인	유동 인구 적고 단골 위주 운영
5,000~10,000세대	프랜차이즈	가족 단위 소비 증가, 업종 다양화
10,000~20,000세대	대형화, 병의원, 학원가	브랜드 선호 증가, 유동 인구 확대
20,000세대 이상	쇼핑몰, 영화관 등	복합 상업 지역 형성, 소비력 강함

배후 수요는 크게 직장 인구와 거주 인구로 구분할 수 있으며, 어떤 배후 수요가 많은지에 따라 적절한 임차 업종이 달라진다.

직장 인구가 많은 지역에서는 식당, 병의원, 카페, 편의점 등 직장인들이 점심·퇴근 후 이용할 수 있는 편의 시설에 대한 수요가 높다.

거주 인구가 많은 지역에서는 대형 마트, 생활 용품점, 학원, 어린이집, 병원 등 주거 편의 시설이 중요한 요소로 작용한다.

결론적으로, 1층 상가는 유동 인구가 직접적인 영향을 미치는 반면, 2층 이상의 상가는 배후 수요가 더욱 중요한 요소로 작용한다.

따라서, 투자 전에 해당 상권의 유동 인구 및 배후 수요의 특성을 정확히 분석하고, 이에 맞는 업종을 고려하여 투자 전략을 세우는 것이 필요하다.

배후 수요와 더불어 수요 공급 분석도 중요하다.

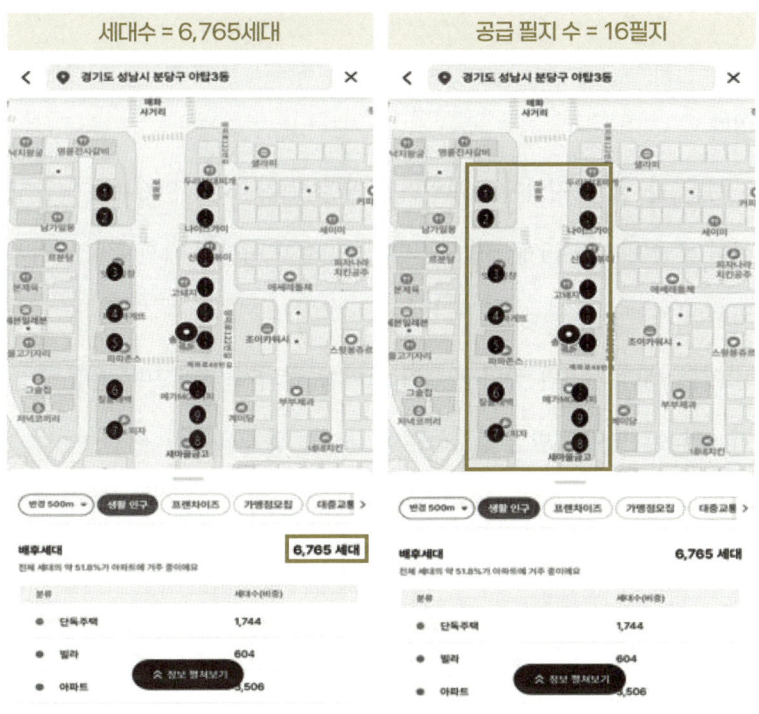

　부동산 투자에서 배후 수요는 상업 시설의 수익성을 결정하는 핵심 요소 중 하나이다. 특히, 주거 지역 내 상가를 고려할 때는 세대수 대비 공급 필지의 비율을 분석하는 것이 중요하다. 일반적으로, 세대수/공급 필지 비율이 400세대 이상일 경우 안정적인 임차 수요가 형성될 가능성이 높다고 평가된다.

　이 기준이 중요한 이유는 상가 공급이 과도할 경우 임차인 모집이 어렵고, 임대료 하락 압박이 커질 수 있기 때문이다.

　반면, 세대수 대비 상가 공급이 적절하면 자연스럽게 높은 임대 수요가 유지되며, 공실 리스크가 낮아지고 안정적인 임대 수익을 기대할 수 있다.

예를 들어, 한 지역에 도보권역인 반경 500m 내 6,000세대가 존재하며 공급 필지가 15개라면, 1필지당 400세대 이상의 배후 수요가 형성되는 구조가 된다.

이는 해당 지역의 상업 시설이 과잉 공급되지 않았으며, 일정 수준 이상의 소비력이 뒷받침될 가능성이 크다는 것을 의미한다.

따라서, 상업용 부동산을 매입하기 전에는 해당 지역의 세대수 대비 공급 필지 비율을 면밀히 분석하고, 배후 수요가 충분히 형성될 수 있는 입지를 선택하는 것이 안정적인 투자 수익을 확보하는 핵심 전략이라 할 수 있다.

위 사진 사례의 경우 6,765세대를 16필지로 나누면 필지당 422세대로 적정한 수급 균형을 갖추고 있다.

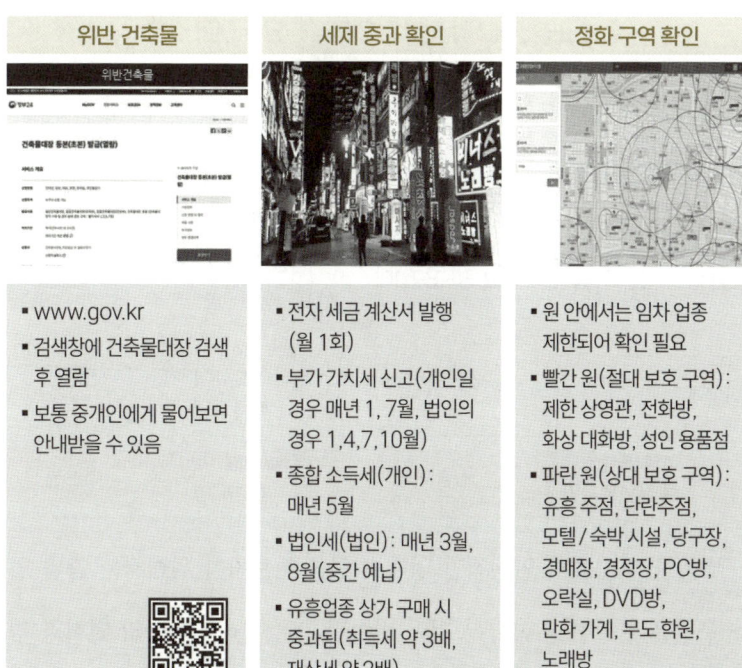

　상가 매물 접수 시 대략적인 층별 임차인 주요 업종 및 전용 면적 평당 임대료를 고려해야 한다.

층별 면적, 주요 업종 및 전용 면적 평당 임대료 수준

층	특징	면적	주요 업종	전용 면적 평당 임대료
1층	접근성 양호 타 층 대비 고가	신규 상가: 7~10평 구도심 상가: 10~15평	약국, 음식점, 편의점, 중개 사무소	10만 원
2층	음식점 마지노선	20평~30평대	은행, 음식점, 학원, 헤어숍	7만 원
3층 이상	가성비	30평 이상	학원, 마사지, 의원, 필라테스, 1:1 PT, 뷰티 계열	5만 원
지하 1층	대형 면적 필요 로 하는 임차인	50평 이상	체육 시설, 마사지 숍, PC방	5만 원

　부동산 투자에서 안정적인 임대 수익을 확보하기 위해서는 층별 임차 구성을 면밀히 분석하는 것이 필수적이다. 특히, 각 층의 면적과 평수를 고려하여 적절한 임차 업종을 유치하는 전략이 필요하다. 동일한 건물이라도 층별 면적과 용도에 따라 적합한 업종이 다를 수 있기 때문이다.

　먼저, 건물의 층별 면적 및 평수를 확인하여 해당 공간이 어떤 업종에 적합한지 분석해야 한다. 예를 들어, 1층은 접근성이 좋아 소비자 대상 업종카페, 음식점, 편의점 등이 적합하지만, 2층 이상부터는 목적성이 있는 업종병원, 학원, 사무실 등이 더 유리할 수 있다.

　특히, 대형 평수를 필요로 하는 피트니스 센터나 병원, 교육 시설 등은 넓은 공간이 필수적이며, 소형 사무실의 경우 면적을 효율적으로 분할하여 여러 임차인을 유치하는 전략이 유리할 수 있다.

또한, 주변 빌딩의 임차 구성을 참고하여 경쟁력 있는 업종을 선정하는 것이 중요하다. 만약 인근 건물에 대형 학원이 많다면, 학원 수요가 높아 추가적인 학원 임차인을 유치하기가 쉬울 수 있으며, 반대로 경쟁이 과열되어 있다면 차별화된 업종을 고려할 필요가 있다.

따라서, 주변 임차 구성의 흐름을 파악하고 경쟁력을 확보할 수 있는 업종을 선정하는 것이 공실을 방지하는 핵심 전략이다.

더불어, 임대료 수준을 적절히 설정하는 것도 필수적인 요소이다. 주변 건물의 임대료 수준을 참고하여 시장 가격과 비교하면서도 경쟁력을 유지할 수 있는 임대료를 책정해야 한다.

주변 시세보다 지나치게 높은 임대료를 설정하면 공실이 장기화될 위험이 크고, 반대로 지나치게 낮으면 임대 수익이 비효율적일 수 있기 때문이다.

결론적으로, 층별 면적과 평수를 고려한 임차 전략을 수립하고, 주변 빌딩의 임차 구성과 임대료 수준을 면밀히 분석하는 것이 공실 리스크를 줄이고 안정적인 수익을 창출하는 핵심 전략이라 할 수 있다.

부동산을 매입하기 전에는 단순히 입지나 가격만 고려하는 것이 아니라, 법적·행정적 요소를 철저히 점검하는 과정이 필요하다. 특히, 위반 건축물 여부, 세제 중과 대상 여부, 그리고 제한 업종 여부를 사전에 확인하지 않으면 예상치 못한 리스크에 직면할 수 있다.

수익성 분석

부동산 투자에서 가장 중요한 요소 중 하나는 수익성 분석이다. 단순히 매입 가격이 저렴하거나 입지가 좋아 보인다고 해서 무작정 투자하는 것은 위험하다.

수익성 분석을 통해 예상 임대 수익과 유지 관리 비용, 대출 이자, 세금 등 각종 지출을 종합적으로 고려해야만 안정적인 투자 판단이 가능하다.

특히, 레버리지를 활용한 투자일 경우 대출 금리 변동에 따라 수익성이 급격히 달라질 수 있기 때문에, 사전에 수익률 계산을 철저히 해야 한다.

또한, 유사한 입지 내 다른 상가나 건물과 비교하여 경쟁력 있는 임대료를 설정하고, 공실 발생 가능성까지 고려한 보수적인 수익성 분석이 필수적이다.

결론적으로, 수익성 분석은 투자 의사 결정의 핵심 요소이며, 이를 기반으로 리스크를 최소화하고 장기적으로 안정적인 수익을 창출하는 것이 성공적인 부동산 투자로 이어지는 길이다.

레버리지 전 수익률	레버리지 후 수익률
"(월세 × 12개월) / (총투자비)"	"(월세 − 이자) × 12개월 / (총투자비 − 보증금 − 대출 금액)"
매각가	임대료 조사
"(월세 × 12개월) / 요구 수익률 + 임대 보증금"	네이버 부동산, 점포라인 등을 통해 조사 가능

수익률 계산에 필요한 요소들을 하나씩 정리해 보자.

월세: 매도인 제시 임대차 계약서상 월세 또는 예상 월세(공실일 경우).

총투자비는 아래와 같이 구성된다.

매입 금액: 부동산을 취득하는 데 직접적으로 들어가는 금액.

취득세: 일반적으로 매입 금액의 5% 수준.

미납 관리비: 기존 건물주의 미납금이 있는지 확인 필요.

전용 평당 5천 원~1만 원 수준.

철거비 및 인테리어 비용: 기존 시설 철거 및 신규 인테리어 시 소요되는 금액.

명도비: 기존 임차인이 있는 경우 원활한 명도를 위해 필요한 비용.

예비비: 예상치 못한 추가 비용 발생에 대비하여 확보해야 하는 금액.

월 이자: 매입 금액의 60~80%. 대출 금액 × 은행과 협의한 이자율 통상 4~6% 사이 / 12개월.

보증금: 매도인 제시 임대차 계약서상 보증금 또는 예상 보증금. 공실일 경우.

요구 수익률

부동산 투자에서 매각가는 어떻게 산정될까? 단순히 주변 시세를 참고하는 것이 아니라, 투자자가 기대하는 수익률을 기준으로 역산하는 방식이 일반적이다. 이때 중요한 개념이 '요구 수익률'이다.

요구 수익률이란 투자자가 해당 부동산에서 기대하는 최소한의 수익률을 의미한다. 쉽게 말해, "이 정도 수익률은 나와야 투자할 가치가 있다" 라고 생각하는 기준점이다.

예를 들어, 연간 임대 수익이 3,000만 원인 상가가 있다고 가정하자.

만약 투자자가 5%의 수익률을 기대한다면,

이 상가의 적정 매입가는 3,000만 원 ÷ 5% = 6억 원이 된다.

반면, 투자자가 10%의 수익률을 기대한다면,

적정 매입가는 3,000만 원 ÷ 10% = 3억 원으로 낮아진다.

즉, 요구 수익률이 높을수록 적정 매입가는 낮아지고, 반대로 요구 수익률이 낮을수록 매각가는 높아진다.

1년치 월세를 요구 수익률로 나누어 매각가를 산정하는 이유는 다음과 같다.

투자자는 단순히 매매가의 절대 금액이 아니라, 그 금액을 투자했을 때 얻을 수 있는 수익률을 중요하게 본다. 따라서, 매각가를 설정할 때도 투자자가 원하는 수익률 기준으로 나누어 매각 가격을 산정하는 것이다.

예를 들어, 현재 월세 500만 원(연 6,000만 원)을 받고 있는 상가의 매각가를 정하고 싶다면?

시장에서 유사 상가들의 평균적인 요구 수익률이 6%라면 6,000만 원÷6% = 10억 원 시장에서 요구 수익률이 5%로 낮아진다면 → 6,000만 원÷5% = 12억 원

즉, 시장 상황에 따라 요구 수익률이 낮아지면 매각가는 높아지고, 반대로 요구 수익률이 높아지면 매각가는 낮아진다.

요구 수익률이 변하는 이유

요구 수익률은 금리, 경기 상황, 입지, 부동산 시장의 경쟁 정도 등에 따라 변동한다.

금리가 상승하면 투자자는 더 높은 수익률을 요구하게 되고, 매각가는 낮아진다.

금리가 하락하면 투자자들은 낮은 수익률에도 투자하려 하므로, 매각가는 높아진다.

입지가 우수하고 안정적인 상가라면 투자자들은 낮은 수익률에도 투자할 의향이 있어 매각가가 높아질 수 있다.

간단한 수익성 분석 이후 민감도 분석을 할 필요가 있다.

부동산 투자에서 금리 민감도 분석은 필수적인 과정이다. 이는 금리, 임대료 등의 변동이 투자 수익성에 미치는 영향을 분석하는 기법으로,

투자자가 사전에 다양한 변수의 변화에 따른 리스크를 평가하고 대응 전략을 수립할 수 있도록 돕는다.

부동산 시장은 대출을 활용한 레버리지 투자 비중이 크기 때문에 금리 변동에 따라 투자 수익성이 크게 영향을 받을 수 있다. 금리가 상승하면 대출 이자 비용이 증가하면서 순수익률Net Yield이 감소하고, 이는 투자자의 기대 수익률을 낮추는 요인이 된다. 반대로, 금리가 하락하면 대출 비용 부담이 줄어들어 수익성이 개선되는 효과가 있다.

또한, 금리뿐만 아니라 임대료 하락, 공실 증가 등의 변수도 투자 수익성에 영향을 미치는 주요 요소이다. 따라서, 최악의 상황에서도 투자 손실을 최소화할 수 있도록 다양한 시나리오를 고려한 민감도 분석이 필요하다.

예를 들어,

고금리 시나리오: 금리가 상승할 경우, 투자 수익률이 얼마나 감소하는지 분석하고 이에 따른 대출 규모 조정 또는 임대료 인상 전략을 고려해야 한다.

임대료 하락 시나리오: 경기 침체나 경쟁 상권 증가로 인해 임대료가 하락할 경우, 임대료 조정 한계점을 분석하고 적정 매입가를 설정하는 것이 중요하다.

이러한 분석을 통해 투자자는 리스크가 높은 상황에서도 수익을 창출할 수 있는 최적의 매입 가격을 산정할 수 있다.

목표 수익률을 유지하기 위한 매입가 조정 전략 또한 활용 가능하다.

금리 상승이나 임대료 하락과 같은 악조건 속에서도 목표 수익률을 유지하려면, 투자자는 매입가를 조정할 수 있어야 한다.

예를 들어,

금리가 5%일 때 목표 수익률을 7%로 설정한 경우,

금리가 7%로 상승하면 기존 매입가 대비 10~15% 이상 낮은 가격에 매수해야 동일한 수익률을 확보할 수 있다.

이처럼 민감도 분석을 활용하면 시장 변화에 따른 적정 매입 가격을 제시할 수 있으며, 투자 손실을 방지하는 데 중요한 역할을 한다.

민감도 분석은 엑셀 데이터 표를 활용하여 분석해 볼 수 있고 예시로 캡쳐한 사진은 매입 가격과 월세의 변화에 따른 레버리지 후 수익률을 나타낸 것이다.

저위험 vs 고위험 자산 투자 수익률 비교

기본 정보에 검토하려는 부동산의 기본 정보를 입력하고전용 면적 등, 투자 비용에 위에서 언급한 매입 가격 외 다양한 부대 비용을 입력하여 투자 금액을 산출한다.

재원 조달 항목의 경우 부동산을 매입하기 위해 임대 보증금, 대출 및 자기 자본이 필요한데 위에서 언급한 대로 보증금, 대출을 구하면 내 돈이 얼마나 필요한지 알 수 있다.

운영 손익 분석 항목의 경우 임대료와 이자를 뺀 순이익 및 레버리지 후 수익률을 구할 수 있다.

구한 레버리지 수익률을 참조하여 특정 셀에 입력한 후, 민감도 분석을 할 항목을 행과 열에 나열하고예제에서는 매입 가격을 세로로 나열하였고 월세를 가로로 나열하였다. 레버리지 후 수익률과 민감도 분석 항목을 포함하여 범위 지정 후 데이터 표 기능을 활용하여 다양한 조건 하 수익률을 확인할 수 있다예제에서는 데이터 표 열 입력란에 총투자비 항목 중 매입 가격이 입력된 셀을 참조하고, 행 입력란에 운영 손익 분석 항목 중 임대료를 입력한 셀을 참조하면 된다..

위반 건축물 여부 확인

건축물이 위반 건축물로 지정되었는지 확인하는 것은 필수적이다. 위반 건축물로 등재된 경우, 은행 대출이 제한되거나 향후 매각 시 불이익을 받을 가능성이 크다.

또한, 자진 시정 조치나 철거 명령이 내려질 수 있어 추가적인 비용이 발생할 위험도 있다. 위반 건축물 여부는 정부24 www.gov.kr 사이트를 통해 건축물대장을 조회하거나, 해당 지역 지자체 건축과에 문의하여 확인 가능하다.

세제 중과 여부 확인

부동산 취득 후 적용되는 세금이 일반적인 수준인지, 아니면 중과 대상인지 확인하는 것도 중요하다.

특히, 상가의 경우 특정 용도 유흥업소 등로 사용될 경우 취득세·재산세 등이 중과될 수 있으며, 해당 건물이 과거 위반 사항이 있었던 경우 추가적인 세금 부담이 발생할 수도 있다.

세제 중과 여부는 다음과 같은 방법으로 확인할 수 있다

중개사를 통해 해당 부동산의 거래 사례를 확인

건축물대장에서 해당 건물의 용도 및 이력 검토

지자체 건축과에 문의하여 세금 적용 기준 확인

제한 업종 여부 확인

일부 건물은 특정 업종의 입점이 제한될 수 있으며, 특히 학교, 주거지 인근에 위치한 상가는 교육 환경 보호 구역 등에 해당할 경우 특정 업종예: 유흥 주점, PC방 등이 허가되지 않을 수 있다.

이러한 제한 업종 여부는 교육 환경 보호 정보 시스템 eeis.schoolkeepa.or.kr

에서 확인할 수 있다.

  부동산을 매입하기 전에는 법적 리스크를 최소화하기 위해 위반 건축물 여부, 세금 중과 여부, 제한 업종 적용 여부를 반드시 확인해야 한다. 이러한 사항을 사전에 점검하면 불필요한 비용 부담을 줄이고, 안정적인 부동산 운영과 매각이 가능해진다.

  상업용 부동산을 투자할 때 각 층별 면적 및 평수를 면밀히 확인하는 것은 필수적인 과정이다. 건물 내 임차 구성이 어떻게 되어 있는지에 따라 임대 수익의 안정성과 공실 리스크가 달라질 수 있기 때문이다.

  먼저, 층별 면적 및 평수를 확인하여 해당 공간이 어떤 업종에 적합한지 분석해야 한다. 예를 들어, 대형 평수100평 이상의 경우 병원, 대형 학원, 피트니스 센터 등이 적합할 수 있으며, 소형 평수30평 이하의 경우 일반 사무실, 카페, 소규모 점포 등이 입점하기 용이하다. 따라서, 건물 내에서 층별로 적합한 업종을 고려한 임차 전략을 수립하는 것이 중요하다.

  또한, 주변 빌딩의 임차 구성과 임대료 수준을 철저히 분석해야 한다. 인근 건물의 임차 업종이 유사한 패턴을 보일 경우, 해당 지역에서 가장 수요가 높은 업종을 파악할 수 있으며, 이를 기반으로 적절한 임대료를 설정할 수 있다. 예를 들어, 주변 건물 대부분이 학원가로 형성되어 있다면, 해당 지역의 상가는 학원 수요가 높을 가능성이 크므로 임차인 모집이 수월할 수 있다. 반면, 유사한 업종이 과포화 상태라면 차별화된 업종을 고려할 필요가 있다.

임대료 수준 역시 경쟁력 있는 가격을 설정하는 데 중요한 참고 자료가 된다. 주변 빌딩의 임대료와 비교하여 너무 높게 책정하면 공실 위험이 커질 수 있고, 지나치게 낮으면 임대 수익이 비효율적일 수 있기 때문이다. 따라서, 주변 임대료 수준을 참고하여 시장 평균 수준에서 경쟁력 있는 가격을 설정하는 것이 중요하다.

결론적으로, 부동산 투자 시 층별 면적과 평수를 고려한 임차 전략을 수립하고, 주변 빌딩의 임차 구성과 임대료를 면밀히 분석하는 것이 공실 리스크를 줄이고 안정적인 수익을 창출하는 핵심 전략이다.

협의	운영	매각

▪ 시세보다 매우 저렴하지 않은 이상 첫 제안에 수락은 금물 ▪ 하자 발견 후 네고 필요 (주차 불편, 고액 관리비, 누수, 임차인 연체 기록 등) ▪ 중개사를 통해 협의 필요 (직접 접촉 X) ▪ 잔금 후 20일 이내 사업자 등록 필요	▪ 전자 세금 계산서 발행 (월 1회) ▪ 부가가치세 신고(개인일 경우 매년 1, 7월, 법인의 경우 1, 4, 7, 10월) ▪ 종합 소득세(개인) : 매년 5월 ▪ 법인세(법인) : 매년 3월, 8월(중간 예납)	▪ 소개해 준 중개사에 우선 의뢰 필요 ▪ 전속 기한 1~3개월 부여 권장 ▪ 시세 대비 저렴하다면 다양한 부동산 오픈 가능 (경쟁을 통한 매각 금액 증대) ▪ 시세 대비 높다면 프라이빗 마케팅 필요 (다수 노출로 인한 물건의 가치 훼손 가능성 높음) ▪ 매수인으로부터 부가세 징수할 경우(중개사 확인) 매매한 달의 마지막날로부터 25일 내 부가세 신고 및 납부

협의

부동산 거래를 할 때는 시세 분석과 협상 전략을 철저히 준비하는 것이 필수적이다. 특히, 첫 제안이 들어왔을 때 바로 수락하는 것은 금물이다.

시세보다 현저히 저렴한 경우가 아니라면, 하자 사항을 발견한 후 가격 조정을 요청하는 것이 일반적인 협상 전략이다. 대표적으로 주차 공간의 부족, 고액 관리비, 건물의 누수, 임차인의 연체 기록 등의 요소를 근거로 가격을 조정할 수 있다.

또한, 매도·매수 협상은 반드시 중개사를 통해 진행하는 것이 바람직하다. 직접 매도인이나 매수인과 협상을 진행할 경우, 감정적 요소가 개입될 가능성이 있으며, 이후 계약 진행 과정에서 불필요한 갈등이 발생할 수 있다.

중개사를 활용하여 협상을 진행하면, 보다 체계적이고 객관적인 조건 조율이 가능하다.

운영

잔금 지급 후에는 20일 이내에 사업자 등록을 해야 하며, 부동산 임대업을 위한 전자 세금 계산서를 매월 1회 발행하는 것을 원칙으로 한다.

부가 가치세 신고 일정도 개인과 법인에 따라 다르므로, 개인의 경우 1월과 7월, 법인은 1월, 4월, 7월, 10월에 신고해야 한다. 또한, 종합 소득세개인는 매년 5월, 법인세는 3월과 8월중간 예납에 신고해야 하므로, 납부 일정 관리가 필수적이다.

매각

매각을 진행할 때는 소개해 준 중개사에게 우선적으로 의뢰하는 것이 좋으며, 전속 기한을 1~3개월 정도로 설정하여 안정적인 매각 프로세스를 진행하는 것이 권장한다.

만약, 시세 대비 저렴한 물건이라면 다양한 중개업소와 네트워크를 활용하여 빠른 매각을 추진할 수 있으며, 경쟁을 통한 매각 금액 증대 효과도 기대할 수 있다.

반대로, 시세보다 높은 가격에 매각할 경우 다수의 매수자에게 공개하는 방식보다는 '프라이빗 마케팅'이 효과적이다. 이는 물건의 과도한 노출로 인해 시장에서 가치가 훼손되는 것을 방지하고, 특정 타깃층을 대상으로 전략적인 마케팅을 진행할 수 있는 방식이다.

또한, 매수인으로부터 부가세를 징수하는 경우, 해당 매매가 이루어진 달의 마지막 날부터 25일 이내에 부가세 신고 및 납부를 완료해야 한다. 이는 법적 의무 사항이므로, 이를 준수하지 않을 경우 불이익이 발생할 수 있다.

결론적으로, 부동산 매입과 매각 시 세부적인 세무 일정과 협상 전략을 철저히 준비하고, 중개사를 활용하여 보다 효율적인 거래를 진행하는 것이 성공적인 부동산 투자 관리의 핵심 요소라고 할 수 있다.

CHAPTER 2

김과장과 함께하는 자산운용사 간접 체험: 현실 속 투자 이야기

02 김과장과 함께하는 자산운용사 간접 체험: 현실 속 투자 이야기

지난 10년간 부동산 시장은 저금리와 풍부한 유동성의 힘을 받아 급격한 활황기를 누려 왔다. 시장이 호황을 구가하는 동안, 투자자들은 비교적 쉬운 선택만으로도 높은 수익을 기대할 수 있었고, 많은 이들이 부동산 펀드 매니저라는 타이틀을 내세우며 자금을 운용했다.

그러나 그러한 시대는 이제 지나갔다. 과거와 같이 단순한 투자만으로 안정적인 수익을 확보할 수 없는 환경이 조성되면서, 부동산 투자에 대한 새로운 시각과 접근이 요구되고 있다.

부동산 자산운용사 관련 서적들은 대부분 성공 사례를 중심으로 쓰여 있다. 탁월한 투자 결정을 통해 높은 수익을 거둔 사례들이 강조되면서, 기관 투자의 현실적인 어려움과 리스크 관리의 중요성은 상대적으로 간과되는 경향이 있다.

그러나 부동산 투자는 단순히 매입과 매각의 과정에만 국한되지 않는다. 오히려 자산을 어떻게 운용하고 관리하느냐가 궁극적인 성과를 결정짓는 핵심 요소다.

남의 돈을 가지고 투자한다는 것은 결코 가벼이 여길 수 없는 책임을 수반한다. 자산운용사는 단순히 좋은 물건을 선점하는 것에서 끝나는 것이 아니라, 투자 이후의 관리 전략을 정교하게 설계하고 실행해야 한다.

운영 수익을 극대화하고, 변동성 높은 시장에서 지속 가능한 성과를 창출하는 것은 결코 쉬운 일이 아니다. 이러한 현실을 직시하지 않고 과거의 방식대로 투자에 접근하는 것은 더 이상 유효하지 않다.

본 원고에서는 부동산 기관 투자의 이면을 조명하고자 한다. 화려한 성공 사례 이면에 숨겨진 어려움과 도전 과제들을 조명하며, 부동산 투자가 단순한 자금 투입이 아닌, 장기적인 관리와 전략적 운용이 필수적으로 요구되는 영역임을 강조하고자 한다.

이를 통해 독자들이 보다 신중한 시각으로 부동산 투자를 바라볼 수 있도록 하고, 운용 및 매각의 중요성을 깊이 인식하는 계기를 마련하고자 한다.

투자의 세계에서 성공적인 사례만 존재하는 것은 아니다. 투자라는 행위가 이루어지는 곳에는 필연적으로 실패한 사례도 존재하며, 이를 면밀히 분석해야만 우리가 어떤 투자 제안을 받아들일지, 그리고 제안자가 어떤 의도로 특정 투자를 권유하는지를 파악할 수 있다.

김과장이라는 가상의 인물을 통해 직무 체험을 대신 해 보도록 하자. 이를 바탕으로 단순한 투자 의사 결정이 아닌, 자산 운용과 관리의 중요성을 깊이 이해하는 계기로 삼도록 하자.

CHAPTER 3

가상 프로젝트 #1
서울 소재 호텔

03 가상 프로젝트 #1
서울 소재 호텔

김과장에게 주어진 첫 번째 업무는 서울 소재 호텔의 매각 작업이었다. 입사한 지 얼마 되지 않은 상태에서 첫 번째 미션이 곧바로 매각 작업이라니…… 그는 순간 당황했지만, 운용사의 현실이 그렇다는 것을 금방 깨달았다.

우선, 호텔의 과거 자료부터 하나하나 검토하기 시작했다. 계약서, 운영 리포트, 임차인 정보, 시장 분석 보고서 등을 훑어보며 해당 호텔의 투자 구조를 이해하려 했다.

이 호텔은 펀드를 설정해 개발하고, 준공 후 운영까지 진행된 프로젝트였다. 투자자들은 호텔을 매각해 수익을 실현하고자 하는 상황이었지만, 김과장이 입사한 2023년 초 당시 호텔 시장은 아직 완전히 회복되지 않은 상태였다.

그러나, 그에게 희망적인 요소도 있었다. 시장 분위기는 서서히 변하고 있었고, 호텔 산업은 마치 동트기 직전처럼 반등의 조짐을 보이고 있었다.

"이 호텔, 과연 좋은 가격에 매각할 수 있을까?"

김과장은 본격적으로 매각 작업에 돌입하기로 했다.

코로나19가 발생한 2020년 초, 호텔 시장은 급격한 침체를 겪었다. 평균 일일 객실 요금ADR과 객실 점유율OCC 모두 급감하였으며, 이는 호텔 산업 전반에 걸쳐 심각한 영향을 미쳤다.

그러나 2021년 3분기부터 두 지표가 점진적으로 회복되기 시작했고, 김과장은 현재 시점에서 호텔 시장의 상황을 면밀히 검토하였다.

호텔 시장이 회복세에 접어들었으며, 특히 해당 호텔의 임대차 계약 구조도 안정적인데도 불구하고 왜 이 자산을 매각하려는 것인지 의문이 들었다.

이에 대한 답을 찾기 위해 김과장은 우선 임대차 계약 구조를 검토하기로 했다.

해당 호텔 자산은 개발 단계에서부터 호텔 운영사이자 투자자와 긴밀한 협의를 거쳐 운영 구조를 설계하였다. 특히, 운영사는 호텔이 준공되기 전부터 선先임대차 계약을 체결하여 공실 리스크를 최소화하는 전략을 선택하였다.

이를 통해 개발자는 초기 운영 안정성을 확보할 수 있었으며, 운영사

또한 지속적인 호텔 운영을 보장받는 구조였다.

임대료는 호텔 운영을 통해 발생하는 매출액의 일정 비율을 기준으로 책정되었다. 즉, 호텔의 실제 영업 성과에 따라 임대료가 변동되는 구조를 가지고 있었다.

하지만 코로나19와 같은 예기치 못한 매출 급감 상황에서도 일정 수준 이상의 임대료를 보장하기 위해 최소 보장 임대료 조항이 포함되어 있었다. 해당 조항에 따르면, 운영사의 영업 매출에서 산정한 임대료가 양 당사자가 사전에 합의한 최소 보장 임대료보다 낮을 경우, 운영사는 최소 보장 임대료를 지급하도록 약정되어 있었다.

최소 보장 임대료는 일반적으로 총사업비 대비 요구 수익률을 고려하여 설정된다. 이 요구 수익률은 시장 상황에 맞춰 이해관계자 간 협의를 거쳐 결정되며, 투자자 및 개발자의 기대 수익률을 반영한 수준으로 체결된다.

또한, 호텔의 브랜드는 운영사가 보유한 브랜드를 사용하는 것으로 계약되었다. 이는 운영사가 브랜드 가치와 운영 노하우를 직접 활용할 수 있도록 하기 위한 조치였다.

임대차 계약 기간은 장기간 안정적인 운영을 보장하기 위해 10년 이상의 장기 계약으로 체결되었다. 이러한 구조를 통해 운영사는 장기적인 사업 계획을 수립할 수 있으며, 투자자는 일정 수준의 수익을 보장받을 수 있는 컨디션이었다.

결론적으로, 해당 호텔의 임대차 계약 구조는 안정적이었다. 매출액이 저조하더라도 일정 수준 이상의 최소 보장 임대료를 수취할 수 있으며, 운영사가 영업을 잘하여 호텔 매출이 증가할 경우 추가적으로 성과 연동형 임대료를 확보할 수 있는 구조였다.

이는 호텔을 소유한 투자자 입장에서 보면 공실 리스크를 줄이고 안정적인 수익을 기대할 수 있는 방식이었다.

김과장은 이어서 해당 호텔이 속한 펀드의 신탁 계약서를 검토했다. 해당 호텔을 기초 자산으로 하는 펀드는 신탁형 펀드로 설정되어 있었다.

신탁형 펀드의 경우, 신탁 계약서는 펀드 신탁사와 펀드 운용사 간에 체결하는 계약으로, 펀드의 설정, 운영, 해지 등에 관한 주요 사항을 담고 있다.

따라서, 자산 운용 과정에서 어떤 현안이 발생했을 때, 해당 계약서를 우선적으로 검토하는 것이 중요했다.

신탁 계약서에는 일반적으로 펀드 관계사들의 보수 체계에 관한 내용이 포함되어 있었다. 펀드 관계사는 운용사, 신탁사, 판매사, 사무 관리 회사 등 총 4개 기관으로 구성된다. 각 기관의 역할을 간략히 정리하면 다음과 같다.

1. 운용사: 자산의 매입, 운용, 매각 등 전반적인 투자 및 운영 관리.
2. 신탁사: 운용사가 자금을 유용하지 못하도록 펀드 자산 보관.
3. 판매사: 펀드 수익증권을 투자자들에게 판매하고, 수익을 배분.

4. 사무 관리 회사: 펀드의 회계처리를 담당하며, 매일 발생하는 금융 거래 및 운영 관련 회계 기록을 관리.

통상적으로, 이러한 4개 기관은 펀드의 사업성에 영향을 미치지 않을 정도의 일정 금액을 보수로 수취하게 된다. 이는 펀드 운영이 원활하게 이루어질 수 있도록 하기 위한 최소한의 비용 구조라고 볼 수 있다.

김과장은 본 건 펀드 신탁 계약서 중 보수 관련 조항을 체크하던 중 중요한 사실을 발견했다. 해당 펀드에는 성과 보수가 존재하지 않았다. 이는 곧, 매각을 통해 자산을 더 높은 가격에 팔려는 동기가 부족하다는 의미였다.

더군다나 김과장은 혼자서 담당해야 할 프로젝트가 다섯 개 이상이었다. 각 프로젝트에서 발생하는 단순 반복 업무만으로도 마치 전장에서 총탄이 쏟아지는 것처럼 정신없이 피해야 하는 상황이었다.

매일 밤 10시까지 야근을 해야 다음 날의 업무를 간신히 처리할 수 있을 정도였다. 이러한 업무 환경 속에서 그는 왜 해당 호텔 자산을 매각해야 하는지를 점점 더 이해하게 되었다.

상황을 더욱 악화시키는 요소는 자산 관리인의 부재였다. 자산 관리인이 없으므로 세금 계산서 발행, 임대료 및 운영 비용의 적정성 검증 업무까지도 운용사 직원이 직접 처리해야 했다.

이로 인해 김과장은 본래의 투자 및 운용 업무를 수행하는 데 있어 더욱 심각한 업무 과부하를 겪고 있었다.

아무리 사소한 업무라도, 비용이 조금 더 들더라도 자산 관리인은 부동산 자산 운용에 있어 필수적인 파트너였다. 김과장은 이번 경험을 통해 절대 자산 관리인에 대한 비용을 아끼지 말아야 한다는 교훈을 얻었다.

부동산 자산 운용에서 자산 관리인은 단순한 관리자를 넘어, 운용사의 부담을 덜어 주고 자산 가치를 극대화하는 데 중요한 역할을 수행하는 존재였다.

가장 중요한 업무는 매각 시점 정산 금액 검증 시 PM의 역할이 빛을 발하는 순간이다. PM은 각종 부동산 자산 운영에 대한 노하우와 축적된 데이터를 바탕으로 운용사가 놓칠 수 있는 정산 항목을 철저하게 검증하고, 운영 수익과 비용을 분석하는 전문가 집단이기 때문이다.

김과장은 매입을 담당하지도 않았고, 투자 유치를 한 자산도 아니었지만, 정의감과 사명감이 강한 성격 덕분에 투자자들을 위해 최선을 다하기로 결심했다. 비록 업무 부담이 크고 힘든 과정이겠지만, 매각을 제대로 진행해 보자는 다짐을 했다.

다행히 매각 자문사는 선임자들이 이미 선정해 놓은 상태였다. 매각 자문사는 해당 자산의 가치를 분석하고, 잠재 매수인들에게 마케팅하여 거래를 성사시키는 전문가 집단이다.

김과장은 매각 자문사로부터 그동안 누구에게 마케팅을 진행했으며, 어떤 주체가 가장 관심을 보였는지에 대한 설명을 들었다.

이제 가장 중요한 매수인 선정을 고려해야 했다. 보통 매수인을 선정할 때 첫 번째 기준은 자금 조달 능력, 두 번째 기준은 매수인의 의지와 부동산 인수 후 명확한 운용 계획이다.

하지만 본 건에서는 마스터 리스 계약 구조가 되어 있었고, 시장도 회복 중이었으며, 매수인은 자금력만 충분하면 되는 상황이었다. 즉, 매수인을 선정할 때 가장 중요한 요소는 자금 조달 능력이었다.

추가적으로 상업용 부동산 매매 시 매수인은 부동산 인수 의지를 확실히 보이기 위해 반환 불가능한 이행 보증금을 납부하게 되는데, 본 건 역시 매수인 선정 시 이행 보증금 납부 여부가 중요한 고려 대상이 되었다. 김과장은 이 모든 사항을 종합적으로 검토하며 매각을 성공적으로 마무리하기 위해 전력을 다하기로 했다.

자문사가 추천한 매수인은 자금력 측면에서 자본 시장에서 조달이 충분히 가능한 능력을 갖추고 있는 곳이었고, 협력사관계회사 중 호텔을 직접 운영하고 있어 가장 유력한 인수 후보였다.

놀랍게도 다른 인수 희망자는 없었다. 김과장은 한국 자본 시장이 마치 펭귄 떼처럼 군중 심리에 의해 움직인다고 생각했고, 확실히 투자는 투자 심리가 지배하는구나라고 느꼈다. 그때 당시 시장 분위기는 "호텔은 망했다. 명동이 텅 비었다. 호텔을 왜 투자하냐? 우리나라는 역시 오피스밖에 투자 대상이 없다."였다.

김과장은 제주도 호텔 시장이 코로나 특수로 성장한 만큼, 코로나가 해결되면 사람들이 해외여행으로 눈을 돌릴 것이고, 이에 따라 제주도의 호텔 수요는 감소할 것이라고 예상했다.

따라서 코로나 회피 수요로 인해 과잉 공급된 제주 호텔 시장은 당분간 회복이 어려울 것으로 보였다. 그러나 서울 소재 외국인 관광객이 선호하는 호텔의 경우, 이렇게까지 투자자들에게 외면당하는 것이 맞나? 라는 의문이 들었다.

왜냐하면 해당 호텔은 마스터 리스 계약이 있어 임대료 미납 걱정이 없었고, 호텔을 비관적으로 본 투자자들은 오피스로 용도 변경 하는 데에만 혈안이 되어 있어 공급도 점차 줄어들고 있었다.

반면 관광객은 꾸준히 증가하고 있었고, 설사 호텔 운영이 어렵더라도 마스터 리스 임대차 잔여 계약 기간 동안 충분히 시간을 두고 신규 용도 개발도 가능한, 포텐셜이 높은 자산이라고 판단되었기 때문이다.

이러한 가치를 알아본 곳이 단 한 군데뿐이라니! 김과장은 즉시 매각 자문사를 통해 예비 매수인과의 미팅 자리를 잡았다.

김과장: 안녕하세요, 처음 뵙겠습니다. 해당 자산 어떻게 보세요?
예비 매수인: (좋은데 좋은 티를 내면 매도인이 매도를 철회하거나 가격을 올릴 수 있기에 최대한 본심을 숨기고 침착하게) 예, 안녕하세요. 위치는 좋지만 현재 상황이 어려운 거 아시잖아요?
김과장: (부동산은 사람 심리에 영향을 받는 것이기 때문에 포커페이스를 유지하려는 매수인을 보며 속으로 '잘하는구나'라고 생각했다.)

예, 맞습니다. 하지만 실적이 개선되고 있고 공급도 줄어드는 추세입니다. 이를 방증하듯 (자문사가 매수인에게 제공한 본 건 실제 ADR, OCC 데이터를 보여 주며) 실적도 많이 올라오고 있습니다.

예비 매수인: 예, 알고 있습니다. 그런데 죄송합니다만, 임대차 계약서에 따르면 임대인의 CapEx 유보 비율이 매출액의 1%로 되어 있고, 5년 단위로 임차인이 임대인에게 CapEx 집행을 요청할 수 있도록 되어 있는데요. 최근 물가 상승과 다른 호텔 투자 사례를 봐도 매출액의 3% 상당 금액이 유보되어야 임차인을 만족시킬 수 있을 것 같습니다. (즉, 좀 깎아 주세요?) 이렇게 된다면 저희가 매입 금액 외에도 5년간 매출액의 2%를 추가 비용으로 부담해야 하는 상황입니다.

김과장: 어느 정도 상황은 이해하고 있습니다. 다만, 저희 투자자분들께서 개발 시점부터 지금까지 약 7년간 엑싯을 하지 못하고 있고, 현재 협상 중인 가격은 원가에서 조금만 이익을 보는 수준이라 빼드릴 수 있는 폭이 작은 거 아시지 않습니까? 다만, 내부적으로 논의한 결과, 5년간 매출액의 2%를 온전히 매입가에서 차감하기는 어렵지만, 제시해 주신 물리 실사 보고서를 기반으로 원본 수준을 해치지 않는 범위에서 협의해 향후 말씀드리도록 하겠습니다.

예비 매수인: (오호, 되면 좋고 안 되면 말고인데 그래도 조금이라도 깎을 수 있겠네? 나이스~ 최대한 웃음을 숨기며) 네, 알겠습니다. 저희

도 내부 보고를 위해 사활이 걸린 사항이다 보니 잘 검토 부탁드리겠습니다!

김과장: 예, 그리고 사전에 메일로 요청드렸던 사항인데, 혹시 우선 협상 대상자로 선정되시기 위해 반환 불가능한 보증금을 납부해 주실 수 있을까요? 저희 투자자들이 이제 좀 지쳐서 확실한 의지가 해당 금액으로 표현될 필요가 있을 것 같습니다.

예비 매수인: 검토해 본 결과 가능합니다. 단, 금액은 저희도 부담이 안 가고 상징적인 수준이 좋을 것 같습니다. 또한, 양 당사자 간 귀책사유가 없으면 반환 불가능한 보증금임에도 불구하고 반환받을 수 있는 조항을 추가하면 좋겠습니다.

김과장: 네, 내부적으로 말씀 주신 사항에 대해 보고가 완료된 건으로 가능합니다. 잘 부탁드립니다.

김과장은 미팅 종료 후 우선 협상 대상자와 양해 각서를 체결했다. 이제 투자자들에게 보고하고 마무리하면 되겠구나 생각했다. 하지만 여기서 머리가 아픈 문제가 하나 있었다.

전임자들이 제시했던 투자 제안서 대비 다소 미치지 못하는 수익률에 대해 투자자들에게 어떻게 설명할 것인가? 또한, 배당 금액을 산출할 자료도 부족한 상황에서 이를 어떻게 해결할 것인가? 라는 고민이 스쳤다.

투자자들 중에는 개인 투자자들도 다수 포함되어 있었다.

물론, 부동산 사모 펀드에 투자할 정도면 일정 수준 이상의 재력을 갖추고 있을 가능성이 컸지만, 김과장은 '있는 사람들이 더하다'는 옛 격언을 떠올리며 더욱 신중을 기해야겠다고 생각했다.

최대한 전문가와 협력하여 정확하고 투명한 배당 절차를 진행하는 것이 중요하다고 판단했다.

그렇다면 누구에게 도움을 요청해야 할까? 내부에서는 기존 자산에 대한 관리보다는 신규 자산에 더욱 집중하는 분위기였고, 이에 대한 가이드도 명확하지 않았다. 고민 끝에 숫자와 공신력이 중요한 문제이므로 '회계사'가 적절한 파트너일 것이라는 결론을 내렸다.

특히, 해당 호텔 매입 시 사업성 분석을 수행했던 회계 법인에 연락하여 수익자별 매각 배당금 산출이 가능한지 문의했다.

다행히도 회계 법인에서는 해당 업무 수행이 가능하다는 회신을 받았다. 김과장은 즉시 배당 금액 산출을 위한 요청 자료를 정리하여 송부했다.

요청 자료 대부분은 펀드 수탁사와 사무 관리 회사로부터 수령할 수 있는 내용이었기에 김과장은 중간에서 신속한 중개자 역할을 수행하는 데 집중했다.

회계 법인에서 배당 금액 산출 결과를 전달해 오자 김과장은 이를 내부적으로 검토하고 검증하는 과정을 거쳤다. 이후 최종적으로 투자자들에게 배당금 지급 절차와 금액을 안내했다.

배당금 지급 방식에 있어서도 원칙이 있었다. 운용사는 직접 투자자들에게 배당을 지급할 수 없으며, 운용사가 신탁사에게 운용 지시를 내리면 신탁사가 보관 계좌에서 판매사로 이체하고, 판매사가 수익자들에게 원천 징수 후 배당을 지급하는 구조였다.

이에, 배당금 안내 전 해당 펀드 관계사들과 긴밀한 협의가 필요하다.

해당 절차를 마치고 투자자별 배당금을 안내드렸다. 꼭 예상치라는 말을 고지하여 확정치가 아님을 강조해야 분쟁이 없다.

역시나 고지를 한 후 가장 먼저 반응이 오는 건 개인 투자자였다. 매각 안내와 더불어 짧은 시간 간격으로 돈이 언제 입금되냐, 얼마 들어오냐를 수시로 물어봤다. 개인이 아닌 법인 투자자의 경우 손실이 나지 않는 펀드면 개인 투자자 대비 덜 민감한 성향을 갖고 있어 응대에 크게 힘이 들지는 않았다.

이제 배당이 완료되고 마지막 절차인 펀드 해지 절차를 위해 수익자 동의서를 징구해야 한다. 신탁 계약서에 자산 매각 후 배당 시 자동으로 신탁 계약 해지를 위해 수익자 동의서 불필요하다는 조항이 있거나 절반 이상 또는 2/3 의결 정족수 요건이 있었다면 전원 동의를 받지 않는 수고를 덜었을 텐데 하는 아쉬움이 들었다.

수익자 동의서 징구 절차는 보통 인감 증명서를 요구하기에 시일도 걸리거니와 투자자들 입장에서 민감할 수밖에 없어 감정적인 소모가 큰 업무가 될 확률이 높다.

어쨌든 간에 본 건을 잘 마무리하고 배당까지 완료되었다. 투자자들은 다음 투자 건이 있을 때 연락 달라고 신뢰를 보내 주었다. 김과장은 자신의 손으로 운용, 매각을 처음으로 했던 펀드다 보니 나름 의미가 있었고, 다행히 마스터 리스 구조의 난이도가 낮은 자산이라 그나마 애를 덜 먹고 처리했다고 생각해서 다행이라고 생각했다.

다만, 도관체인 펀드의 운영 과정에서 향후 발생할 비용인 재산세 및 종합 부동산세액을 추정하여 여유롭게 유보해 놓고, 실제 납부 후 잔여 금액을 수익자들에게 재배당해야 하는 문제가 있었다.

예를 들어, 총 배당 금액이 100원이고, 작년 재산세 및 종합 부동산세가 10원이었다고 가정하면, 올해 재산세가 정확히 얼마가 나올지 알 수 없기 때문에 운용사는 15원 정도를 미리 유보하였다. 이후 실제 재산세가 13원으로 확정되면, 남은 2원을 수익자들의 지분 비율에 따라 추가 배당하는 업무를 수행해야 했다.

만약 PM이 있었다면, 다른 매매 계약에서 보통 전년도 금액으로 정산 후 추가 정산을 하지 않도록 한다는 자문을 제공했을 것이고, 김과장은 추가 정산 업무의 부담을 덜 수 있었을 것이다.

또한, 해당 펀드는 수익 차등형 펀드였기 때문에 배당을 계산하는 과정에서 복잡한 문제가 발생했다. 하지만 회계 법인이 이를 정확하게 산출해 주었고, 개인 투자자가 포함된 펀드 유무를 떠나 신뢰도 및 업무의 공정성 확보를 위해 회계 법인은 필수적인 협력 파트너라는 점을 김과장은 다시 한번 깨닫게 되었다.

손익 차등형 펀드는 두 그룹의 투자자가 존재하는 구조로, 각각 1종 수익권자와 2종 수익권자로 나뉜다. 1종 수익권자는 투자 금액에 대해 일정한 배당률을 지급받고, 2종 수익권자는 잔여 금액을 전부 받는 구조다.

쉽게 말하면, 1종 수익권자는 일정한 수익을 보장받는 투자자이며, 2종 수익권자는 펀드의 성과에 따라 수익이 크게 달라지는 구조다.

즉, 1종 수익권자는 안정적인 투자 수단으로 볼 수 있고, 2종 수익권자는 펀드의 성공 여부에 따라 가장 많은 수익을 얻는 대신, 펀드가 실패하면 손실을 감수해야 하는 고위험 고수익 투자자이다.

만약 펀드 성과가 부진하여 수익이 적다면, 은행과 1종 수익권자가 우선적으로 배당을 받게 되어 2종 수익권자는 투자 원금조차 회수하지 못할 위험을 안게 된다.

따라서 손익 차등형 펀드는 운용사의 철저한 관리가 필요한 구조이며, 김과장은 이번 경험을 통해 이러한 펀드 운영의 복잡성과 중요성을 몸소 배우게 되었다.

CHAPTER 4

가상 프로젝트 #2
지방 광역시 상업 시설 1

04 가상 프로젝트 #2
지방 광역시 상업 시설 1

    김과장은 다음 업무로 지방 광역시 소재한 상업 시설 정상화 또는 연착륙 시키는 업무를 지시받았다.

    김과장은 늘 그렇듯 "역사를 잊은 민족에게 미래란 없다"라는 슬로건을 머리에 새기고 과거 이력을 살펴봤다.

    본 자산은 지방 광역시의 한때 명성을 날리던 구도심에 위치해 있었다. 서울과는 다르게, 지방 광역 자치 단체의 경우 구도심이 낙후되면 개발할 수 있는 부지가 많아 신도심 개발을 통해 기존 구도심의 기능을 신도심으로 이전시키는 경향이 있다.

    이로 인해 구도심의 상권은 쇠퇴하고, 해당 자산도 시대의 흐름을 이기지 못한 채 경·공매로 매물로 나온 것이었다.

    매입 당시 담당자들은 자산이 아무리 저렴하더라도 다시 상권이 활성화될 가능성이 있는지를 신중하게 고민했어야 했다. 전임자들은 공실 리스크 헷지를 위해 낙찰 전에 마스터 리스가 가능한 제3자를 섭외하여 임대차 계약을 체결한 후 입찰에 참여하여 자산을 인수했다.

입찰 당시 임차인 구성은 국내외 유명 브랜드가 입점한 패션 중심의 건물이었다. 글로벌 패션 브랜드뿐만 아니라 이에 수반되는 수선집, 국내 외식 프랜차이즈, 그리고 쇼핑 후 즐길 수 있는 코인 노래방과 같은 여가 시설이 입점해 있었다.

자산 인수 후 계획대로 운영이 이루어졌고, 목표한 배당 수익률을 투자자들에게 지급한 기록이 있었다.

기승전결이 없는 드라마는 없다고 했던가. 이제부터 행복 끝 불행 시작이었다.

해당 지역은 지방 광역시 중에서도 관광객 유입이 있는 도시였기에, 관광객을 위한 숙박 시설 용도로 활용하는 전략을 수립했다.

용도를 변경하기 위해 임차인 명도 작업이 필요하다. 명도라는 것은 배산임수를 친것과 같다. 멀쩡히 나오는 임대료를 포기할 만큼의 무엇인가가 확신이 있어야 한다.

즉 계획한 대로 임차인 명도, 리모델링, 사용 승인, 운영 전 과정이 원활하게 이루어지지 않으면 수익자와의 약속은 물거품이 되는 것이다.

이걸 어쩐다······. 코로나라는 대형 악재가 터졌다. 근데 그게 하필 임차인 명도 후에 발생했다.

심지어 숙박 시설 운영사로 유치했던 회사는 우리나라와 외교 관계에서 민감한 국가의 브랜드였고 설상가상 특정 이벤트로 인해 해당 국가에 대한 안 좋은 감정이 증폭되던 시기였다.

이에, 떠나간 내 님에게 다시 돌아오라고 크게 소리쳤지만 나를 찼던 여자 친구에게 다시 갈 수 있겠는가? 그렇다. 패션 브랜드 임차인을 포함한 대다수의 임차인은 돌아올 마음이 없었고 공사 진행 과정 중 사용되어야 할 예비비 재원은 이자, 운영 비용 및 펀드 비용으로 운용역들의 마음을 모르는지 속절없이 소진되고 있었다.

안 좋은 일은 한꺼번에 덮친다고 했던가……. 본 건을 규율하는 지구 단위 계획 시행 지침에서 지역 소상공인을 살리기 위해 지자체에서 건물주들에게 "프랜차이즈 본사는 받지 마세요. 소상공인을 살려야 합니다." 라는 메시지를 보냈다.

본 건물의 기존 임차인의 대다수가 프랜차이즈였던 점을 감안하면 개인들로 다시 임대차를 채우는 것은 불가능에 가까웠다.

그렇게 몇 번의 잽을 맞고 어퍼컷 한 방을 맞은 후 무하마드 알리의 주먹에 맞은 것처럼 쓰러질 수밖에 없어 보였던 찰나였다.

다행히? 프랜차이즈가 아닌 패션 소매점만 일부 유치를 하였고 임대료로 이자 비용을 간신히 충당하게 되었다. 하지만, 건물 운영비와 펀드 비용은 착한 분들이 내 줄까? 아니다.

누군가는 임차인 유치한 층 외 명도한 다른 층에 임차인을 유치하면

되는 것 아닌지 반문할 것이다.

하지만, 어차피 용도 변경 후 공사할 예정이기도 하고 임차인을 원활하게 명도하기 위해 인센티브로 전임자들은 임차인들에게 원상 복구 의무를 면제해 주었던 것이다.

즉, 지금 다시 임차인을 유치하려면 펀드 자금으로 원상 복구를 하여야 하는 상황인 것이다.

상황이 이렇다 보니 오히려 이자 비용을 커버하기 위해 임차인 유치를 했었던 게 불행?의 씨앗이었다.

대출 기관은 채권 회수를 위해 자산을 경매에 넘기기 위해 검토 중이었고 미지급 비용들이 누적되어 있었다. 불행 중 다행으로 투자자들은 해당 자산에 대해 전액 상각 처리를 하였다.

김과장은 이런 종합적인 상황을 고려하여 대책을 세워야 했다.

우선, 미지급된 수수료 중에서 제일 먼저 처리하지 않으면 난처한 상황이 되는 것이 무엇인지 판단해야 했다.

이자를 미납하면 경매에 넘어가게 되지만 해당 금원을 운영 비용으로 충당할 수 있어 임차인 잔여 임대차 계약 기간 임차인으로부터 임대인의 관리 소홀 명목으로 손해 배상 등 소송 리스크를 저감시킬 수 있다.

이자를 납부하고 자산 관리, 시설 관리 미지급 수수료를 해결하지 않으면 운영 전격 중단에 따라 단전, 안전사고 발생 위험 가능성이 증가해 임차인으로부터 소송을 당할 리스크가 증대된다.

상부에선 대출 기관 이자를 지급하라고 하고 있다. 아마 대주, 투자자들을 상전으로 모시는 분위기고 여기서 잘 보여야 다른 프로젝트 투자 유치 시 도움을 받을 수 있을 것이라는 판단을 했을 것이고 시설 관리, 자산 관리 업체 및 임차인은 상대적으로 건물주가 협상 우위에 있다는 생각이 기저에 있었을 것이라고 추측된다.

"시키면 시키는 대로 까라면 까라는 대로"를 실행하는 것이 직장인의 숙명이라고 생각한 김과장은 이자를 먼저 지급하고 남은 돈으로 건물 운영에 필수적인 돈을 지급하기로 했다.

필자는 개인적으로 정상적인 운용 상황이었다면 이자를 지급하고 본 건 같이 특수한 상황이었다면 건물 운영을 위한 필수 비용 집행을 하는 것이 맞다고 생각한다.

왜냐하면 평시에 여유 자금이 있음에도 불구하고 특별한 사정 없이 건물이 경매에 넘어간다면 투자자 및 대출 기관으로부터 평생 신뢰를 잃어버려 운용 업계에서 활동을 하지 못할 것이다. 물론, 선관 주의 의무를 저버린 대가로 소송은 덤이다.

반면, 특수 상황일 경우 이자 지급보다 건물의 최소 기능 유지가 우선이다.

건물 기능이 우수하게 유지되고 있다면 경매 또는 일반 매물을 매각하여도 "제값"은 받을 수 있기 때문이다.

이와 동시에 김과장은 임차인에게 제발 계약을 해지해 달라고 애원

하러 임차인 본사를 찾아갔다.

임차인이 없는 상황이 오히려 안전사고 발생 리스크를 줄이는 데 유리했다. 건물을 폐쇄하여 안전 문제를 방지할 수 있기 때문이다.

하지만 기존 임차인은 계약 후 1년 만에 다시 나가라는 요구를 듣고 황당해하였다. 온라인과 오프라인 매출이 꾸준히 발생하고 있어 사업이 안정적으로 운영되는 상황에서 퇴거 요청은 전혀 납득되지 않았고, 내부 보고를 통해도 승인이 나기 어려운 상황이었다.

김과장은 이러한 현실적인 문제를 고려하여 2년치 예상 현금 흐름표를 작성하기로 했다. 건물 운영 유지에 필요한 자금이 얼마나 되는지 구체적으로 추정해 본 결과, 다른 건물 운영비조차 납부할 여력이 없는 상황이었다. 건물 기능을 최소한으로 유지하는데도 빠듯할 정도로 자금 사정이 열악했다.

김과장은 이 문제를 해결하기 위해 다른 프로젝트에서 인연을 맺었던 시설 관리 업체에게 부탁하여 건물 시설 관리를 맡아 줄 수 있는지를 문의했다. 그러나 기존 PM, FM 수수료도 미납된 상황에서 새로운 계약을 맺기가 어려웠다. 시설 관리 업체는 돈을 줄 수 있냐며 회의적인 반응을 보였고, 이미 기존 FM사가 미지급 수수료 문제로 운용사를 상대로 소송을 제기한 상태였다.

소송의 쟁점은 운용사가 펀드 재산을 한도로 책임진다는 문구가 명확하지 않아 발생했다. 법무 법인과 신탁 계약서를 검토한 결과, 계약 주체가 운용사와 시설 관리 업체 간의 2자 계약으로 되어 있었고, '운용사는 펀드 재산을 한도로 책임진다'라는 조항이 모호하여 법적 책임 소재가 불명확했다.

이럴 경우 소송 결과를 확신할 수 없었으나, 전문가 의견으로는 운용사가 질 확률은 낮다고 하였다.

이 일을 겪은 후 김과장은 향후 프로젝트에서는 계약 주체를 펀드 수탁사를 포함하여 3자 계약으로 체결하고, '펀드 수탁사와 운용사는 펀드 재산을 한도로 책임진다'라는 명확한 조항을 추가하기로 결심했다.

이러한 경험을 통해 그는 계약서 작성 시 명확한 책임 구분과 법적 안전장치를 마련하는 것이 얼마나 중요한지를 절감했다.

시설 관리 업체를 설득하기 위해 김과장은 먼저 운영 비용 중 절감할 수 있는 부분이 있는지 확인해 달라고 요청했다.

법적 위반 없이 비용을 최소화할 수 있는 방안을 검토해 줄 것을 부탁하며, 그 결과를 바탕으로 현금 흐름표를 업데이트하여 수수료 지급 여부를 다시 확인하겠다고 했다.

시설 관리 업체는 운영 비용 절감 가능성을 면밀히 검토했고, 일부 항목에서 약간의 절감 여지가 있음을 확인했다. 김과장은 빠듯하지만 수수료 지급이 가능할 것으로 판단했고, 임차인이 나갈 때까지 시설 관리 계약을 체결하는 것으로 협의했다.

또한, 김과장이 속한 운용사에서 앞으로 새로운 프로젝트를 할 경우

FM 업무를 우선적으로 위임하겠다는 무형의 약속을 하면서 간신히 설득할 수 있었다.

예상했듯이 경매 절차가 개시되었다. 이제 김과장은 경매 진행 절차를 주시하며, 낙찰되기만을 기다릴 수밖에 없는 상황이 되었다.

어느 정도 급한 업무를 일단락 후 김과장은 대출 기관과 수익자에게 현황에 대해 양해를 구하고 다음 투자에서는 좋은 인연으로 뵙기를 바란다고 하면서 잘 마무리 했다.

건물의 미래가 예상되어 복잡한 감정이 교차했지만, 김과장은 할 수 있는 모든 노력을 다했다는 생각에 마음의 짐을 덜 수 있었다.

CHAPTER 5

가상 프로젝트 #3
서울 소재
외곽 권역 오피스

05 가상 프로젝트 #3
서울 소재 외곽 권역 오피스

    김과장은 두 건의 프로젝트를 성공적으로 연착륙시키거나 매각하며 펀드 기본 구조와 경험치를 어느 정도 쌓았다. 그러던 중 상부에서 다급히 김과장을 다시 불렀다.

    "김과장, 자네가 기존 자산 처리를 생각보다 잘해서 믿고 맡길 수 있겠어. 좀 더 어려운 것 말이야. 이거 서울 외곽 지역에 있는 빌딩인데 한번 봐 봐."

    서울에 소재한 중형 오피스 빌딩 규모라 오피스 자산에 대한 이해도를 증진할 겸, 까짓것 이것도 한번 해결해 보자 하는 마음으로 과거 이력부터 살펴보았다.

    처음 투자자들에게 제안했던 내용을 검토하니, 매입 후 임차인 명도, 리모델링을 거쳐 임차인을 유치하고 비싸게 매각하겠다는 밸류 애드

Value-Add 전략이었다.

계획 중에 매입, 임차인 명도, 리모델링까지는 순조롭게 진행되었으나, 문제는 임차인 유치 단계부터 계획대로 되지 않았다는 점이었다.

양극화라는 말이 개인 아파트 투자에도 있듯, 오피스 임차인들이 선호하는 지역은 정해져 있다. 강남 테헤란로, 광화문, 여의도. 이 세 군데를 중심으로 업무 권역이 형성되어 있다.

여기서 조금만 벗어나도 비즈니스 미팅을 위해 이동하는 시간이 늘어나고, 업무 논의도 원활하지 않아 불편함이 커진다. 그래서 전통적인 업무 권역 상권은 시간이 지날수록 임대료가 상승하는 경향이 있다. 아파트로 따지면 반포와 같은 곳이다.

반면, 이 외곽 권역으로 조금만 벗어나면 이야기가 달라진다. 임대료가 조금만 높아도 임차인들이 오지 않으려 하고, 가격이 저렴해도 굳이 선택하지 않으려 한다. 이유는 단순하다. 접근성이 떨어지고, 업무 편의성이 확보되지 않기 때문이다.

기업의 구조를 보면, 일반적으로 회장이나 대표가 기업의 최고 결정권자처럼 보이지만, 사실 그들 역시 직원들 없이는 회사가 돌아가지 않는 공생 관계에 놓여 있다. 특히 대기업의 경우 인력 수급이 원활하다 보니 회장이나 대표의 권한이 상대적으로 강하다. 쉽게 말해, "싫으면 나가라"는 식으로 엄격한 경영 방침을 고수할 수 있는 여건이 마련되어 있다. 왜냐하면 대기업에 들어오고 싶어 하는 사람들은 항상 넘쳐나기 때문이다.

하지만 중소기업이나 중견 기업은 상황이 다르다. 인재 확보가 어렵기 때문에, 오히려 직원들이 귀한 존재가 된다. 중소기업의 대표나 회장은 직원들에게 상당히 신경을 쓰며, 마치 상전 모시듯이 대해야 하는 경우가 많다. 인력 유출을 막기 위해서는 근무 환경이나 복지 혜택 등에서 매력적인 조건을 제시할 수밖에 없다.

대기업들은 자연스럽게 인프라가 잘 갖춰진 핵심 지역, 즉 강남, 여의도, 광화문 등과 같은 업무 밀집 지역에 주로 자리 잡고 있다. 하지만 본건과 같은 외곽 지역에 위치한 빌딩의 경우, 대기업보다는 중견 기업 이하의 사업체들이 입주할 가능성이 높다.

그렇다면 중견 기업이 우수 인력을 확보하기 위해 할 수 있는 것은 무엇일까? 답은 명확하다. 출퇴근 편의성을 확보하거나, 대기업과 차별화된 복지와 유연한 조직 문화를 제공하는 것이다.

그러나 김과장이 본 건을 살펴보고 나서 경악을 금치 못했다. 네이버 지도를 열어보니 역에서 도보로 무려 20분이 걸리는 위치였다. 게다가 책정되어 있던 임대료 마케팅 가격은 입지 조건을 고려했을 때 지나치게 높았다. 역세권 오피스 빌딩과 비슷한 수준으로 책정되어 있어 임차인 유치가 어려운 상황이었다.

문제는 이뿐만이 아니었다. 펀드 설정 시 예비비도 공실 기간이 장기화되면서 이미 전부 소진된 상태였고, 그로 인해 배당금 지급도 1년 넘게 중단되어 있었다. 더 큰 문제는 펀드 투자자 중 개인 투자자가 많았다는 점이다.

이들은 김과장이 이 건을 맡았다는 사실을 어떻게 알았는지, 귀신같이 매일같이 전화를 걸어왔다. "빨리 해결 방안을 제시하라." "어떻게 할 거냐." "내가 이 펀드를 사람들에게 추천해서 머리가 아프다." 등등 컴플레인과 불만이 폭주했다. 김과장은 업무 처리에 지쳐 가며 어떻게 하면 상황을 개선할 수 있을지 고민에 빠졌다.

막막한 상황 속에서도 김과장은 냉정하게 문제를 분석하며 해법을 모색하려고 했다. 하지만 실질적인 해결 방안이 쉽지 않다는 현실 앞에서 김과장은 깊은 한숨을 내쉬었다.

설상가상으로 또 한 가지 문제점이 있었다. 본 건물은 기준 금리가 낮았던 시절에 대출을 받아 금리가 매우 저렴했다. 하지만 곧 대출 만기가 도래하면서 고금리 환경에서 대환해야 하는 부담이 생긴 것이다. 이는 대출 이자를 감당하기 어려운 상황으로 이어질 가능성이 높았다.

게다가 매각 업무도 지속적으로 추진해야 하는 상황이었다. 김과장은 투자자들의 요구에 맞춰 우선 매각을 1순위로 진행하기로 했다.

공실 상태에서 매각을 추진하려는 이유는 가능성은 낮지만 수익형이 아닌 사옥형 잠재 매수인이 물망에 걸려들 수도 있기 때문이다.

수익형 매수인은 직접 사용하지 않고 부동산에서 나오는 배당 수익만을 추구하는 주체이며, 사옥형 잠재 매수인은 직접 사용하거나 필요

시 일부 임대차를 목적으로 건물을 매입하는 주체를 의미한다.

사옥형 잠재 매수인은 수익형 투자자보다 훨씬 더 까다롭고, 자산의 품질과 위치에 민감하다. 이들은 오피스 수요가 집중된 핵심 지역, 예를 들어 테헤란로 대로변과 같은 곳을 선호하지 외곽 지역 자산에는 큰 매력을 느끼지 않는다.

그렇다면 본 건과 같이 외곽에 위치한 오피스를 매각하려면 먼저 임차인을 유치하여 일정 수익성을 확보해야 했다.

김과장은 공실인 상황에서는 사옥형 임차인을 타깃으로 공실을 채운 후에는 수익형 매수인을 대상으로 마케팅을 하겠다는 심산으로 임대차 유치를 추진했다.

둘다 실패하더라도 지속 운영을 위해서라도 임대차 유치가 필수적이었다. 왜냐하면 현재 임대료로 건물 운영 비용을 공제한 잔여 금액으로 대출 이자를 감당하기도 버거운 상황이었기 때문이었다.

김과장은 유명 상업용 부동산 중개업체들을 찾아가 임대차 유치를 부탁했다. 외국계 대형 부동산 중개사인 C사, J사, S사뿐만 아니라 국내 기업인 S사와 R사 등 상업용 부동산 업계에서 영향력이 있는 업체들을 찾아가 사정을 설명하고 협조를 요청했다.

하지만 시간이 지나도 별다른 성과가 없었다. 뒤늦게 알게 된 사실은, 이들 중개사들에게 중소형 자산은 임차인 유치가 어렵고 수익성도 떨어진다는 점이었다. 오히려 대형 프라임 오피스를 유치하는 것이 더 쉬웠다.

대형 프라임 오피스 수요자들은 오피스 공급 과잉 시기에 신축 건물이나 공실이 많은 건물에 임차하여 임대인으로부터 최대한 많은 인센티브를 제공받으려고 한다. 이후 수요가 증가해 건물주가 임대료를 인상하려고 하면, 신규로 개발된 곳으로 이동하는 '메뚜기' 전략을 활용하는 경우가 많다.

결국 이러한 순환 수요로 인해 대형 프라임 오피스는 수요자 풀은 많고 공급은 제한적이어서 임차인 유치가 상대적으로 쉽다. 또한, 대형 오피스 건물의 임대료는 절대 금액 자체가 높아 수수료 역시 상당하다.

보통 수수료는 월 임대료의 1~3배 정도로 결정되기 때문에 중개업체 입장에서는 대형 프라임 오피스를 선호할 수밖에 없는 구조였다.

본 건 같은 건물은 임차 유치도 어렵고 유치해도 수수료 절대 금액이 크지 않다. 그렇기에 잘나가는 임차 유치 대행사들은 건물을 무시할 수밖에 없던 것이다.

또한, 해당 기업들이 대형 에이전트와 계약하더라도 실제로는 로컬 중개 법인과 수수료를 쉐어하는 구조로 이루어지는 경우가 많다. 이러한 경우 대형 에이전트가 주도권을 가지며 로컬 법인에게는 일부 수수료만 챙겨 주기에, 애초에 물건지 인근 로컬 중개 법인을 직접 접촉하는 것이 효율적이라고 판단했다.

로컬 중개 법인들은 프라임 오피스 건물주와 친분이 부족하지만, 해당 지역의 사정과 특성을 잘 알고 있어 네트워크를 활용하기에 유리하다. 김과장은 인터넷과 유튜브를 통해 활발하게 활동하는 로컬 중개 법인들을 파악하고, 직접 전화를 걸어 미팅 일정을 잡았다.

여러 로컬 중개 법인과 미팅을 가진 결과, 몇몇 업체에서 다양한 임차인 후보를 제시했으나 대부분 타율이 좋지 않았다. 일부 중개 법인은 제대로 검토하지도 않고 우선 임차인 정보를 던지고 보는 식으로 접근하기도 했다. 이러한 무성의한 태도에 실망하며 지쳐 가던 찰나, 한 로컬 중개 법인에서 진지한 태도로 접근해왔다.

"수수료를 확정해 주시면 저희가 임차인을 직접 유치해 보겠습니다."

김과장은 그 말에 귀를 기울였다. 난이도가 있는 자산인 만큼 수수료 협상력이 관건이었기 때문에, 로컬 중개 법인이 탐낼 만한 충분한 수수료를 제안했다. 그러자 중개 법인은 흔쾌히 수락했다.

유명한 대형 에이전트들은 로컬 중개 법인이 실제로 임차인을 유치하더라도 수수료를 많이 나눠 주지 않는 구조이기 때문에, 적절한 보상을 제안한 김과장의 전략이 효과적이었던 것이다.

중개 법인이 유치한 임차인은 강남 핵심 권역에 위치해 있던 기업으로, 최근 급격한 임대료 상승으로 부담을 느끼며 대체 임차 대상지를 찾고 있었다. 경기도로 이동하는 것은 기업 이미지 측면에서 모양새가 빠지고, 권역을 급격히 옮기면 직원들의 불만도 커질 수 있는 상황이었다.

결국 기존 입지와 비교적 근거리에서 가성비 좋은 대체지를 모색하던 중 본 건물이 대안으로 떠오른 것이다.

특히 기존에 사용하던 오피스의 임대료가 3년 전 계약 당시보다 50% 이상 올라 버티기 힘들어진 상황이었다. 이제 남은 과제는 임차인과의 협의다. 주요 협상 포인트는 렌트 프리^{임대료 무상 기간}, 핏 아웃^{내부 공간 조성 비용}, 그리고 TI^{임차인 개선 비용} 조건이다. 이 세 가지 항목은 임차인의 부담을 줄여줄 수 있는 핵심 요소이므로, 협상에서 우위를 점하기 위해 유연하게 접근해야 했다.

렌트 프리, 핏 아웃, TI 개념을 아래와 같이 정리하였으니 참고하길 바란다.

렌트 프리Rent-Free란 임대인이 임차인에게 일정 기간 동안 임대료를 면제해 주는 것을 의미한다. 주로 상업용 부동산 임대차 계약에서 사용되며, 임대차 계약 기간 초기 임차인이 입주 준비를 하거나 인테리어 공사를 진행할 때 비용 부담을 줄여 주기 위해 제공된다.

렌트 프리는 임대인에게는 초기 수익이 감소하지만, 공실 상태로 인해 발생할 수 있는 손해를 줄일 수 있는 장점이 있다. 또한 임차인에게는 초기 부담을 줄여 주어 안정적으로 사업을 시작할 수 있도록 도와주는 중요한 조건이다.

실무에서 렌트 프리를 제공할 때는 공실 위험, 임대료 할인 효과, 임대차 계약의 안정성 등을 종합적으로 고려하여 전략적으로 결정한다.

핏 아웃Fit-Out이란 건물의 내부 공간을 임차인의 필요와 요구에 맞게 마감하거나 인테리어를 완성하는 작업을 의미한다. 특히 상업용 부동산이나 오피스 빌딩에서 많이 사용되는 용어로, 임차인이 공간을 활용할 수 있도록 내부 구조와 인테리어를 조성하는 과정을 포함한다.

핏 아웃 공사는 보통 기본 건물 구조(셀 상태)에 바닥재, 벽 마감, 천장 설치, 조명, 전기 및 통신 설비 등을 추가하는 것을 포함하며, 임차인의 사업 특성에 맞춘 공간 구성이 이루어진다.

핏 아웃은 렌트 프리와 다르게 매년 몇 개월 이런 식으로 제공하지는 않고 통상 임대차 계약 기간 초기 1~2개월 정도 적용한다.

대부분의 경우 핏 아웃 기간은 임대차 계약 기간에 포함되며, 그 기간 동안 임대료를 면제(렌트 프리)하는 조건으로 설정하는 것이 일반적이다. 그러나 일부 계약에서는 핏 아웃 기간을 별도로 설정하여 공사 완료 후 임대차 계약이 시작되는 경우도 있다.

따라서, 계약서 작성 시 핏 아웃 기간과 임대료 부담 여부를 명확히 규정하여 불필요한 분쟁을 방지하는 것이 중요하다.

TI(Tenant Improvement)란 상업용 부동산 내부를 임차인의 요구에 맞게 개선하거나 리모델링하는 것을 말한다. 건물주는 임차인을 유치하거나 오래 머물게 하기 위해 공간을 더 편리하고 세련되게 만드는 데 투자한다.

TI 비용은 건물주가 부담하는 경우가 많으며, 이를 TI Allowance라고 한다. "내가 이만큼 돈을 줄 테니 직접 꾸며"라는 식으로 제공하며, 일부는 임차인과 비용을 분담하거나 전부 임차인이 부담하기도 한다.

TI의 가장 큰 목적은 경쟁력을 강화하고 공간 활용을 극대화하여 장기 계약을 유도하는 데 있다. 요즘 상업용 부동산 시장이 치열한 만큼, 깔끔하고 세련된 공간을 제공해야 임차인이 만족하고 오래 머물게 된다.

또한, 공간을 비즈니스에 맞게 맞춤형으로 개선하여 효율성을 높이고 브랜드 가치를 강화할 수 있다.

예를 들어, 강남의 A 빌딩은 공실 문제를 해결하기 위해 평당 150만 원의 TI 비용을 지원하여 사무실을 오픈형 구조로 개선하였다. 그 결과 공실률이 크게 줄어들었다. 또한, B 쇼핑몰에서는 유명 카페 브랜드를 유치하기 위해 1억 원의 TI 비용을 지원하여 인테리어와 간판을 고급스럽게 바꾸었으며, 그로 인해 쇼핑몰 전체 분위기가 개선되고 방문객 수가 증가하였다.

TI는 상업용 부동산에서 공간을 효율적으로 활용하고 임차인을 유치하는 데 필수적인 전략으로, 초기 비용 부담이 있지만 장기 임대 수익과 높은 임대료를 통해 이를 회수할 수 있는 중요한 수단이다.

김과장은 실무 경험과 시장 데이터를 활용해 조건을 제시하며 임차인과의 협상 테이블에 앉았다. 임차인을 유치하는 데 있어 가장 중요한 것은 단순히 공간을 제공하는 것이 아니라, 임차인이 실제로 필요로 하는 지원과 혜택을 명확하게 파악하여 제안하는 것이었다.

결국 임차인과 상호 양보를 통해 원하는 임대 조건으로 계약을 체결하며, 원원하는 결과로 마무리할 수 있었다.

특이한 점은 해당 건이 도보 역세권까지 20분 거리에 위치해 있어 상가 입지로는 부적합하다는 사실이었다. 김과장은 업무를 맡은 이후 여러 임대차 중개인을 통해 적극적으로 임차인 유치 활동을 펼쳤으나, 상층부 오피스 임차인을 구하는 것보다 수요가 훨씬 부족했다.

중개 에이전트 중 한 곳은 TI 비용으로 전용 평당 400만 원을 요구하기도 했으나, 배당조차 못 주는 상황에서 보유 현금의 4배나 되는 금액을 부담할 수는 없었다.

결국 TI 조건을 맞출 수 없다는 현실 앞에서 포기할 수밖에 없는 상황이었다. 하지만 포기하던 찰나에 계약을 진행했던 임차인에게 김과장은 한 가지 전략을 제안했다. "라운지 공간이 필요하지 않겠느냐"라는 아이디어였다.

상가 입지의 한계를 극복하기 위해 1층을 직원들을 위한 라운지와 휴게 공간으로 꾸미고, 소규모 커피점을 운영하여 판매 행위를 허용하는 방안을 제안했다. 이를 통해 타 층 임직원들도 활용할 수 있는 공간으로 만들고, 회사 홍보 효과까지 얻을 수 있다고 설득했다.

이러한 전략이 임차인에게 설득되었고, 임차인은 오히려 직접 비용을 들여 라운지 공간을 꾸미기로 결정했다. 발로 뛰며 고생했던 보람이 있는 순간이었다. 돈을 주고도 임차가 잘 안 나가던 공간에 임차인이 직접 돈을 들여 꾸며 주겠다니, 임대인의 입장에서는 최고의 결과였다. 발상의 전환이 만들어 낸 성공 사례로 기억될 만하다.

이제 임차를 해결했으니 대출 대환에 대해 다시 돌아가 보자

은행들은 NOI가 이자로 지출되는 금액의 최소 1.2배 이상이 되어야 대출을 검토한다.

이를 DSCR 지표라고 표현한다.

DSCR은 "부채 서비스 커버리지 비율Debt Service Coverage Ratio"의 약자로, 부동산 투자자가 부채를 상환할 수 있는 능력을 평가하는 지표이다. 한편, NOI는 부동산 투자에서 발생하는 순영업 소득을 의미하며, 영업 수익에서 운영 경비를 차감하여 계산한다.

예를 들어, 월세 수입이 2천만 원이고 관리비, 세금, 유지 보수비 등 운영 경비가 월 5백만 원이라면, 월 NOI는 1천5백만 원이 된다. 연간으로 환산하면 1억8천만 원이 된다.

NOI는 대출 상환액이나 세금 등 비영업적 비용은 포함하지 않으므로, 순수하게 부동산 운영에서 발생하는 현금 흐름을 평가할 수 있는 중요한 지표이다.

DSCR은 부동산에서 발생하는 수익이 대출 상환액을 얼마나 커버할 수 있는지를 나타내는 비율이다. 계산식은 다음과 같다.

단순 DSCR: NOI/이자 비용

누적 DSCR: (NOI+보유 현금)/이자 비용

예를 들어, 연간 순영업 소득이 1억 원이고 연간 부채 서비스 비용이자와 원금 상환액이 8천만 원이라면 단순 DSCR은 1.25가 된다.

즉, DSCR이 1.25라는 것은 부채 상환액보다 25% 더 많은 수익을 창출하고 있다는 의미이다. DSCR이 1보다 작으면 대출 상환이 어려운 상태를 의미하며, 통상적으로 안정적인 투자로 평가되기 위해서는 DSCR이 1.2~1.5 이상이 되어야 한다.

임대차가 채워지기 전 DSCR은 0.5대……. 이 자료로 은행을 찾아가면 100% 대출 거절을 당한다.

누적 DSCR이 높다면(펀드에 돈이 많다면 리파가 되겠지만 기한은 길지 않게 줄 것이며 또한 이자 유보 금액을 많이 요구해서 운영비 쓸 자금이 없어서 신규 대출을 일으켜 봤자 생명 연장 6개월~1년 정도밖에는 못 벌 것이다.)

임대차 계약이 체결되기 전 DSCR이 0.5대라면, 이 수치를 들고 은행을 찾아간다면 100% 대출 거절을 당할 것이다.

DSCR이 1 미만이라는 것은 부채 상환 능력이 절대적으로 부족하다는 것을 의미하기 때문이다. 만약 누적 DSCR이 높다면, 즉 펀드 내에 여유 자금이 많다면 대출 리파이낸싱이 가능할 수도 있겠지만, 그 기한은 길지 않을 것이다.

금융 기관은 이자 유보 금액을 많이 요구하며, 운영비로 사용할 자금이 없어 신규 대출을 일으키더라도 생명 연장은 고작 6개월에서 1년 정도밖에 되지 않을 것이다.

하지만 이제 임대차가 체결되었으니, 김과장은 기분 좋게 은행을 만

나러 갈 시간이다. 그는 평소 상가 투자를 많이 해 온 덕에 인연을 맺어 둔 은행에 먼저 연락을 했고, 한 군데는 기존 거래 은행과 협의하기로 했다.

물론 가능한 한 많은 은행을 접촉하여 비교 견적을 받는 것이 바람직하지만, 현실적으로 모든 은행을 상대하는 것은 에너지가 많이 소모된다. 따라서 기존 자산에 대한 이해도가 높고 정보가 이미 축적되어 있어 응대가 빠른 기존 거래 은행과, 지점장 우대 금리까지 기대할 수 있는 개인적으로 친분이 있는 은행을 중심으로 협의하기로 한 것이다.

은행과의 협의 과정에서 기본적으로 요구되는 자료는 렌트롤, 추정 현금 흐름표, 그리고 은행이 요구하는 기타 서류들이다. 기존 거래 은행의 경우 이러한 자료들이 이미 대부분 준비되어 있기 때문에 비교적 응대가 수월하다.

반면 신규 거래 은행은 펀드의 기본 정보부터 이해관계자들의 정보까지 전반적인 내용을 요구하기 때문에 자료 준비에 상당한 업무 부담이 발생한다.

그럼에도 불구하고, 무조건 2개 이상의 은행을 비교 견적하여 대출 금리를 최대한 낮게 받으려는 노력이 필요하다. 특히, 실적 압박을 받고 있는 은행 지점의 경우 경쟁적으로 금리를 인하하여 공격적인 조건을 제시할 가능성이 있다.

따라서 김과장은 전략적으로 다양한 은행과 접촉하며 협상력을 극대화하려는 노력을 기울였다. 대출 조건 하나하나가 수익성에 미치는 영향이 크기 때문에, 조금이라도 금리를 낮출 수 있는 방법을 지속적으로 모색해야 한다.

결국 김과장은 두 은행 간 금리 경쟁을 유도하여 결과적으로 유리한 조건으로 대출을 체결할 수 있었다. 기존 거래 은행은 장기간에 걸쳐 형성된 신뢰를 바탕으로 우대 금리를 제시하였고, 신규 거래 은행은 공격적인 금리 전략을 내세워 대출 조건을 제안하였다.

김과장은 양측의 제안을 면밀히 비교 분석하며 신중하게 협상을 진행했다. 기존 거래 은행은 안정성과 신뢰를 강조하며 추가 혜택을 제안했고, 신규 은행은 금리 면에서 한발 앞서 나가며 적극적인 태도를 보였다. 이러한 상황을 유리하게 이용한 김과장은 최종적으로 가장 유리한 조건을 이끌어냈다.

은행 간 금리 경쟁을 통한 협상 과정은 쉽지 않지만, 양측의 제안과 조건을 균형 있게 조율한 결과 만족스러운 대출 계약을 성사시켰다. 결과적으로 김과장은 금리 부담을 크게 줄일 수 있었고, 투자자들에게도 긍정적인 결과를 보고할 수 있었다.

성공적인 협상 결과에 안도하며 김과장은 앞으로도 금융 기관과의 신뢰를 바탕으로 한 협상 전략이 얼마나 중요한지 다시금 깨닫게 되었다.

대환 절차가 마무리되고 신규 매수자를 다시 접촉할 때였다. 이미 두 차례의 매각 실패로 인해 자산의 부정적 이미지가 시장에 노출될 우려가 있어 김과장은 이번에는 수의 계약을 통해 조용히 매각을 추진하기로 했다. 다행히 로컬 부동산 네트워크를 잘 구축해 놓은 덕분에 협상 테이블에 매수인을 올릴 수 있었다.

그러나 협상은 순탄치 않았다. 매수인과의 줄다리기는 무려 6개월이나 이어졌다. 서로의 심리전과 밀당이 계속되었고, 상황은 복잡하게 얽혔다. 매수인 측은 기존에 보유하고 있는 부동산을 팔아 더 나은 매물을 잡아야 하는 상황이었다. 반면 김과장은 원하는 가격에 도달하지 않으면 매각하지 않고 지속적으로 운영할 의사를 분명히 했다.

왜냐하면, 시간이 지날수록 임대료가 상승하고 있어 운영 수익이 점점 개선되는 상황이었기 때문이다.

하지만 김과장이 협상에서 가장 주의해야 했던 것은 바로 포커페이스를 유지하는 것이었다. 투자자 구성은 우선주와 보통주로 나뉘어 있었고, 시간이 지날수록 매각 금액이 우선주 배당 금액만큼 상승하지 않으면 보통주는 손해를 보는 구조였다.

우선주는 일정한 배당금만 받으면 되는 반면, 보통주는 우선주에게 지급한 이후 잔여 재산을 분배받는 지위였기 때문에 매각 지연은 보통주 투자자들에게 불리할 수 있었다.

결국 김과장은 협상 과정에서 매수인에게 강력한 메시지를 전달하며 절충안을 마련했다. 매수인이 원하는 조건과 김과장의 목표 가격 사이에서 균형점을 찾아 가며 조금씩 조율했다.

양측의 이해관계를 절묘하게 맞추어 가는 중간자 역할을 하며 협상의 돌파구를 모색했다.

오랜 줄다리기 끝에 마침내 매수인과 매도인 간 타협점이 형성되었고, 최종적으로 매매 계약이 체결되었다. 김과장은 복잡하고 어려운 협상을 무사히 마무리하며 비로소 안도의 한숨을 내쉬었다.

이로써 투자자들 역시 안정된 매각을 통해 수익 실현이 가능해졌고, 오랜 고심과 노력이 빛을 발하는 순간이었다.

CHAPTER 6

가상 프로젝트 #4
서울 업무 중심 권역 오피스

06 가상 프로젝트 #4
서울 업무 중심 권역 오피스

김과장은 3건의 프로젝트를 통해 운용사의 쓴맛과 단맛을 봤다. 어느 정도 일머리도 생기고 내부 직원들과의 호흡도 맞아 갈 시점이었다.

김과장은 이제 겨우 숨을 돌렸나 했더니, 뒤에서 또다시 목소리가 들려왔다.

"김과장, 잠깐 와 봐."

이 순간 그는 본능적으로 알았다. '아, 또 일이구나.'

선배가 김과장에게 다가와 귓속말을 하듯 말했다.

"이번엔 좀 괜찮은 건이야. 중심 권역 오피스 선매입인데, 이건 진짜 좋은 물건이다. 한번 살펴봐."

김과장은 속으로 생각했다.

'중심 권역 오피스라고? 이거 드디어 내가 프라임급 자산을 만지게 된

건가? 그런데, 좋은 물건이라는 말은 어디서 많이 들어본 것 같은데……'

순간 그의 뇌리에 지나간 기억들—지방 쇼핑몰, 서울 외곽의 오피스 빌딩, 호텔의 매각 협상, 그 지긋지긋한 DSCR 숫자들까지—모두가 김과장의 머릿속을 스쳐 갔다.

하지만 그는 자신을 다잡았다.

'그래, 이번엔 다를 거야. 비로소 나도 진짜 자산 운용의 꽃, 중심 권역 오피스를 다뤄 보는구나.'

김과장은 표정 관리 하며 선배에게 말했다.

"네, 알겠습니다. 자료 좀 주세요. 바로 살펴보겠습니다."

선배가 떠나자 김과장은 깊은 숨을 내쉬며 스스로에게 중얼거렸다.

'김과장, 정신 차려라. 이번엔 또 무슨 일이 벌어질지 모르니까. 프라임 자산이라고.'

겉으로는 담담했지만, 사실 김과장은 가슴속으로 작지 않은 긴장감을 느꼈다. 선매입Forward Purchase이라는 구조는 건물이 완공되기 전에 미리 계약을 체결하는 방식으로, 선임차가 안 되어 있을 경우 리스크가 상당히 높은 투자 구조 중 하나였다.

하지만, 개발 사업 대비 해서 나름 안정적인 투자 방법이다.

개발 사업은 매수인 입장에서 매우 까다로운 프로젝트로, 경험이 없거나 준비가 부족할 경우 성공 가능성이 현저히 낮아진다. 우선 개발 사업은 단순히 건물을 짓는 것이 아니라, 토지 확보부터 인허가, 설계, 시공, 준공까지 복잡한 절차를 모두 관리해야 한다.

이 과정에서 자금 조달은 물론이고 이해관계자 관리, 시공사와의 계약 체결, 인허가 문제 해결 등 다양한 이슈가 동시다발적으로 발생한다. 특히나 예상치 못한 변수로 인해 공사비가 증가하거나 사업 일정이 지연되면 수익률은 물론 원금 회수조차 어려워질 수 있다.

예를 들어, 원가 통제에 실패하면 건축 자재 값 상승이나 인건비 증가로 인해 사업 비용이 눈덩이처럼 불어날 수 있다. 이는 투자자 입장에서 매우 부담스러운 상황이다. 또한, 사업 지연으로 인해 추가적인 금융 비용이 발생할 수 있으며, 그 결과로 원래 목표했던 수익률을 크게 밑돌 가능성이 크다.

결국 개발 사업은 성공하면 큰 수익을 안겨 줄 수 있는 잠재력을 가지고 있지만, 매수인 입장에서는 리스크 관리가 무엇보다 중요하다. 자금 관리와 프로젝트 전반에 대한 경험이 풍부하지 않다면, 오히려 무리한 도전으로 인해 자산 가치를 크게 훼손할 수 있다.

반면 선도 매입은 이러한 부담이 크게 줄어드는 구조이다. 선도 매입은 준공 이전 단계에서 미리 자산을 매입하는 방식으로, 이미 사업의 큰 틀이 정해져 있어 개발 과정에서 발생할 수 있는 불확실성을 크게 줄인다.

선도 매입의 가장 큰 장점은 실물 자산 대비 가격 메리트가 있다는 점이다. 왜냐하면, 선도 매입의 경우 아직 준공이 되지 않았고 임차인도 확정되지 않아 시장가보다 상대적으로 저렴하게 매입할 수 있다. 이는 실물 자산이 완성된 후의 가치 상승을 선점하는 전략이기도 하다.

예를 들어, 준공 시점에는 물가 상승과 개발 완료 효과로 인해 자산 가치가 자연스럽게 상승하는 경우가 많다. 쉽게 말해, 현재 시점에서는 미완성으로 인해 가격 거품이 없지만, 준공 후에는 물가 상승률과 수익성 증대 요인을 반영하여 자연스레 안전 마진이 확보되는 것이다.

또한, 선도 매입은 준공 후 임대료 상승에 따라 매각가도 자연스럽게 오르기 때문에, 임대차 계약이 확정되면 안정적인 수익 구조로 전환될 가능성이 크다. 이는 매수인 입장에서 물리적 위험을 최소화하면서도 가격 상승 여력을 갖출 수 있는 효과적인 투자 방법이라고 할 수 있다.

개발 사업은 직접적인 참여와 관리가 필수적이기에 그만큼 경험과 자금 관리 능력이 중요한 반면, 선도 매입은 미완성 상태에서 저렴하게 매입하여 향후 물가 상승과 임대료 상승으로 인해 안정적인 수익을 기대할 수 있는 매력적인 투자 방안이다.

매수인 입장에서 두 방식을 비교해 볼 때, 개발 사업은 '위험을 감수한 대박 노림수'라면, 선도 매입은 '안정적 수익을 고려한 전략적 투자'라 할 수 있다.

성공 확률을 높이고 싶다면, 선도 매입 방식을 통해 거품 없는 가격으로 자산을 확보하여 안정적 수익을 노리는 것이 현명한 선택이 될 것이다.

심지어 이번 물건은 입지나 규모 면에서 뛰어난 만큼 경쟁이 치열했고, 웬만한 유명 자산운용사들이 이미 한번씩 검토했던 소위 '뜨거운 감자'였다.

사무실로 돌아와 김과장은 우선 프로젝트가 자신들에게 오기까지 히스토리를 차근차근 살펴보았다. 매도자는 국내에서 유명한 시행사였고, 사실상 이 시행사가 직접 이 물건을 운용하거나 더 좋은 조건의 매수자를 찾는 게 당연한 듯 보였는데, 왜 이 물건이 이제 와서 신생이나 다름없는 운용사인 자신들에게 넘어왔는지 궁금했다.

김과장은 주변 네트워크를 활용해 여러 곳에 전화를 돌렸다.

"혹시 그 CBD 오피스 프로젝트 말이지, 그거 전에 진행하던 곳이 왜 빠진 건지 알 수 있을까?"

다양한 경로를 통해 정보를 모아 본 결과, 이전에 매입을 추진하던 대형 운용사가 내부 사정으로 인해 거래를 중단했다는 소문이 돌고 있었다.

다소 급박한 일정으로 인해 매도자가 새로운 인수자를 찾고 있었던 것. 이로 인해 김과장이 속한 운용사가 자연스럽게 협상 테이블에 오르게 된 것이다.

김과장은 속으로 운이 좋다고 생각했지만, 협상에서는 티를 내지 않아야 했다. 포커페이스는 그의 전매특허였다.

이제는 본격적으로 해당 자산에 대한 분석을 시작해야 했다. 먼저 오피스 시장 수급 상황을 점검하는 일이 급선무였다.

중심 업무 지구답게 주변에는 낡은 빌딩들을 헐어 내고 신규로 오피스를 짓는 프로젝트들이 즐비했다.

경쟁 물건이 많다는 건 부정적 요소였지만, 준공 시점이 본 건이 다른 자산보다 1년 가량 빨랐다는 점이 다행스러웠다. 김과장은 이를 아파트 시장으로 비유했다.

"아파트도 대규모 신축 물량이 한꺼번에 공급되면 초반엔 가격이 내려가지만 시간이 지나면 다시 제자리를 찾지 않나. 오피스도 마찬가지다. 우리 건물이 시장에 빨리 나오면 초기 임차인을 공격적으로 유치해서 시장 점유율을 높일 수 있다."

이러한 김과장의 판단은 나름대로 설득력이 있었다. 시장의 관심이 뜨거운 가운데 가장 먼저 준공되는 건물이기 때문에, 임대차 경쟁력을 충분히 확보할 수 있을 것이란 확신이 섰다.

다음으로 건물의 물리적인 부분과 공사 일정의 적정성을 점검하기 위해 김과장은 전문 건설 관리 업체CM를 선정해 점검을 요청했다. 한미 글로벌과 같은 유명 CM 회사들이 후보로 거론됐고, 내부적으로 신뢰할 수 있는 업체를 빠르게 선정하여 공정 계획과 설계 문제점을 검토하기 시작했다.

결과는 다행히 큰 문제가 없다는 결론이었다.

이제 남은 것은 매도인과의 가격 협상이었다. 김과장은 여느 때보다 면밀히 협상 전략을 준비했다. 먼저, 매도인이 놓인 입장을 꼼꼼히 분석했다. 매도인 입장에서도 시장 상황을 고려할 때, 지금이 바로 매도 타

이밍이었다. 김과장은 이 부분을 잘 활용해야 했다.

김과장은 협상 전략으로 세 가지 카드를 준비했다.

첫째, 선순위 PF 대출을 자신들의 모회사에서 시세 대비 저금리로 제공하여 금융 비용을 절감하게 하고, 절감한 금액의 일부를 할인받는 전략.

해당 전략은 부동산 투자에서 매수자와 매도자 모두에게 매력적인 선택지로 작용한다.

특히 자산운용사나 대기업 계열 금융 기관이라면 모회사를 통해 저금리 대출을 제공하여 금융 비용을 절감하고, 이를 바탕으로 매입 가격을 할인받는 전략을 구사할 수 있다. 이러한 전략은 매입 협상에서 효과적인 카드로 활용될 수 있다.

전략의 본질: 선순위 PF 대출을 통한 금융 비용 절감

부동산 개발 프로젝트를 추진하는 매도자 입장에서 가장 큰 부담은 바로 금융 비용이다. 특히 PF 대출의 경우 대규모 자금을 조달하면서도 금리가 높아질수록 전체 사업비에서 금융 비용이 차지하는 비율이 커진다.

이런 상황에서 매수자가 저금리 대출을 제공해 금융 부담을 덜어 준다면, 매도자 입장에서는 상당한 매력을 느낄 수밖에 없다.

이 전략의 핵심은 간단하다. 매수자가 모회사를 통해 선순위 PF 대출을 시세보다 저렴하게 제공하여 매도자가 부담할 금융 비용을 절감하고, 그 절감액의 일부를 매매 가격에서 할인받는 것이다.

기존 PF 대출 금리가 7%이고, 매수자가 제안하는 PF 대출 금리가 4%라고 가정해 보자. 대출 금액이 300억 원이라면 연간 금융 비용은 다음과 같이 계산할 수 있다.

기존 금융 비용: 300억×7% = 21억 원

저금리 대출 금융 비용: 300억×4% = 12억 원

연간 금융 비용 절감액: 21억-12억 = 9억 원

즉, 매수자가 저금리 대출을 제공할 경우 연간 9억 원의 금융 비용이 절감된다. 만약 이 절감액의 50%를 매매 가격에서 할인받는 조건으로 협상한다면, 연간 4.5억 원 × 5년 = 22.5억 원의 할인 효과가 발생한다.

본 건에 적용시켜보면 A 시행사는 역세권 대형 오피스 빌딩을 개발 중이다. 하지만 금리 인상으로 PF 대출 금리가 7%에 달하면서 금융 비용 부담이 크게 늘었다. 이로 인해 자산 매각을 통해 금융 부담을 덜려는 상황이다.

B 자산운용사는 이 빌딩을 매입하고자 하지만 매도자가 제시한 가격이 지나치게 높다고 판단했다. 이에 B 자산운용사는 모회사인 B 금융지주를 통해 연 4%의 저금리 선순위 PF 대출을 제공하겠다고 제안했다고 보면 이해하기 쉽다.

이 제안을 매도자가 수락할 경우 매도자 입장에서는 금융 비용 부담이 줄어 자산 매각을 더 유리하게 할 수 있고,

매수자 입장에서는 실질 매입 가격을 낮춰 리스크를 최소화할 수 있다.

유의 사항으로는

첫째, 운용사가 저금리 대출 제공을 위해 모회사 금융 지주와의 사전 협의가 필수적이다.

내부 승인 과정에서 금융 지주 측의 의사 결정이 중요한 변수로 작용할 수 있다.

둘째, 대출 구조의 명확성 확보 기존 대출 계약과 신규 대출 계약 간의 충돌 여부를 철저히 검토해야 한다.

중도 상환 수수료와 기존 금융 기관과의 협약 사항을 면밀히 검토하여 매도자 입장에서 추가 부담이 많지 않도록 해야 한다.

셋째, 금융 비용 절감액을 기준으로 한 할인 금액 산출 근거를 계약서에 **명확히 명시해야 한다.**

이 전략의 가장 큰 장점은 매도자와 매수자 모두에게 윈윈의 구도를 제시할 수 있다는 점이다. 매도자는 금리 부담을 줄이고 원활한 자산 매각을 통해 재무 건전성을 확보할 수 있으며, 매수자는 저렴한 매입가로 자산을 확보하여 수익성을 높일 수 있다.

넷째, 자신들이 확실한 자금력과 인수 의지를 갖추고 있어 거래 성사 가능성이 높다는 점을 내세워 협상력을 키우는 전략.

부동산 매입 협상에서 가장 중요한 요소 중 하나는 신뢰와 확실성이다. 매도자는 자산을 매각할 때 가장 우려하는 부분이 바로 거래 불발이다. 매매 계약을 체결해도 매수자가 중간에 자금 조달 문제로 거래를 포기하거나 지연시키면 매도자는 그 기간 동안 시간과 비용을 낭비하게 된다.

따라서, 매수자 입장에서 매도자를 설득할 수 있는 가장 강력한 무기는 바로 자금력과 인수 의지를 확실히 보여주는 것이다. 이를 통해 매도자는 매수자에게 거래 성사 가능성을 확신하고, 협상에서 매수자에게 유리한 조건을 허용할 가능성이 높아진다.

부동산 매입 협상에서 가장 큰 변수는 매수자의 신뢰도이다. 자산 규모가 클수록 매도자는 매수자의 자금력과 의지를 의심할 수밖에 없다. 특히, 고액의 상업용 부동산이나 대형 오피스 빌딩 매입과 같은 프로젝트라면 자금 조달이 매매 성사의 핵심 관건이 된다.

매수자가 자신의 자금력을 증명하고 인수 의지를 명확히 하는 것은 매도자를 안심시키며, 협상에서 우위를 점하는 중요한 전략이다.

매수자는 자금 조달 방안을 구체적으로 제시함으로써 매도자가 안심할 수 있도록 해야 한다. 특히, 선순위 대출을 확보했거나 모회사 금융 기관과 협의하여 자금 조달이 확정된 경우에는 그 사실을 명확히 전달해야 하며 구체적인 방법은 아래와 같다.

1. 자금 조달 확약서 제출: 금융 기관의 대출 승인이 완료된 상태라면 관련 서류를 미리 확보하여 매도자에게 제공한다.
2. 모회사 지원 의향서 제출: 모회사나 계열 금융사가 자금 지원을 보증한다면 관련 의향서를 공식 문서로 제시하여 신뢰도를 높인다.

3. 자금 이체 준비 증빙: 계약금 및 중도금 등을 바로 납부할 수 있는 자금 여력을 보여주는 증빙 자료를 준비하여 매도자의 불안감을 해소한다.

이러한 전략은 매도자가 매수자를 신뢰할 수 있도록 유도하며, 매매 계약 성사율을 대폭 높인다. 매도자 입장에서 불확실성을 제거함으로써 시간적·금전적 손실을 줄일 수 있는 점도 긍정적인 요소다.

매수자 입장에서도 선제적 자금 확보와 강력한 의지 표명을 통해 다른 경쟁자를 제치고 우선 협상 대상자로 자리 잡을 수 있다.

또한, 매도자가 매수자를 신뢰할 때 가격 협상에서도 유리한 위치를 차지할 수 있어, 최종적으로 합리적인 가격에 인수할 가능성이 높아진다.

김과장은 매수 확실성을 높이기 위해, 오랜 친구가 활용했던 방식을 벤치마킹하여 매매 대금 일부를 후순위 PF 형태로 대출해 주고, 공사 기간 동안 이자를 수취한 뒤 준공 시점에 해당 금액을 매매 대금으로 전환하는 방식을 선택했다.

이렇게 되면 후순위 PF이자 수취액만큼 실질적인 할인 효과를 거두게 된다.

매도인은 공사 기간 동안 후순위 대출 금액을 수령하여 해당 재원으로 공사 비용으로 사용이 가능하다.

김과장은 이 방식을 벤치마킹하여 매도인에게 제안했다.

"매매 대금의 일부를 후순위 PF 대출 형태로 지원하겠습니다. 준공 후에는 대출금을 매매 대금으로 전환하여 확실하게 처리하겠습니다."

매도인은 초반에는 의아해했으나, 공사 비용 부담을 줄이고 매매 대금을 확실히 확보할 수 있는 구조로 이해를 하고 김과장의 제안을 수용하였다.

결국, 이 전략 덕분에 매도인은 공사비 부담을 덜고, 김과장의 회사는 실질적인 매매 대금 할인 효과를 거두며 거래를 성사시킬 수 있었다.

매수 계약이 체결된 후에도 김과장은 긴장을 늦출 수 없었다. 이제 본격적인 임대차 마케팅이 기다리고 있었다.

그는 전속 임대차 업체를 복수로 선정해, 제한 경쟁 입찰을 통해 건물의 공간 디자인과 임대차 전략을 수립할 업체를 확보했다.

준공까지 남은 기간은 1년 남짓. 김과장은 긴 호흡을 고르며 본격적인 전투 준비를 시작했다.

"좋아, 이제부터 진짜 게임 시작이다."

김과장은 작게 중얼거리며, 오늘 하루를 그렇게 마무리 지었다.

"그래, 결국 이게 운용사의 묘미지. 어렵지만 해냈을 때 그만큼 보람도 크니까."

김과장은 잠시 창밖을 바라보며 이번 프로젝트를 성공적으로 마무리한 자신에게 작은 격려를 건넸다.

한편으로는 이런 일이 앞으로도 반복될 거라는 사실에 복잡한 감정이 교차했지만, 마음 한구석에는 이상하게도 자신감이 자리 잡고 있었다.

"자, 이제 다음 프로젝트는 뭘까?"

내일 또 어떤 난제가 기다리고 있을지 모른다는 생각과 함께, 김과장은 고단했던 하루를 마무리하며 이불을 끌어당겼다. 머릿속으로 수많은 생각이 오갔지만, 결국 고요한 밤 속에서 김과장은 조용히 잠에 들었다.

CHAPTER 7

실제 상가 투자 사례 #1

코어 전략 투자 사례 (미금 A 상가)

특징: 공실 걱정 없는 핵심 입지, 꾸준한 월세 수익 구조 + 임대료 인상 후 매각

07 실제 상가 투자 사례 #1
코어 전략 투자 사례
(미금 A 상가)

특징: 공실 걱정 없는 핵심 입지, 꾸준한 월세 수익 구조
＋임대료 인상 후 매각

대부분의 사람들은 부동산 투자하면 아파트부터 떠올리지만, 진짜 고수들은 상업용 부동산에서 수익을 만든다. 하지만 아무 상가나 매입한다고 돈을 벌 수 있는 건 아니다.

"누군가는 실패하지만, 누군가는 대박이 난다!"

같은 지역, 비슷한 크기의 상가를 샀는데 한 사람은 공실로 골머리를 앓고, 다른 한 사람은 안정적인 월세를 받는 이유는 무엇일까?

"실패하지 않는 상가 투자의 비밀!"

지금부터 소개할 투자 사례를 보면 어떤 상가는 수익을 내고, 어떤 상가는 실패하는지 명확하게 알 수 있다.

현장에서 검증된 사례를 통해 성공적인 투자 인사이트를 직접 확인해 보자!

처음 투자한 상가는 미금역 골드프라자 4층 소재한 전용 면적 약 24평의 마사지 숍 임차인이 입점한 상가였다.

미금역을 간단히 설명해 보자면 미금역은 분당선과 신분당선이 교차하는 더블 역세권으로, 수도권 남부 지역의 주요 거점 중 하나로 자리 잡고 있다. 신분당선을 통해 강남까지 약 20분 내외로 이동이 가능하여, 서울과 경기 남부를 연결하는 뛰어난 접근성을 갖추고 있다.

본 건은 친분이 있던 부동산 중개업소 사장님께서 소개시켜 주셨다.

부동산 투자에서 중개업소 사장님과의 관계가 중요한 이유는 100번 강조해도 지나치지 않다.

부동산 투자는 좋은 매물을 발굴하는 것에서 시작된다. 하지만 일반적인 매물 검색만으로는 가치 있는 투자처를 찾기가 쉽지 않다. 시세보다 저렴한 급매물이나 안정적인 임대 수익이 보장된 우량 매물은 공개 시장에 나오기도 전에 중개업소를 통해 먼저 거래되는 경우가 많다. 따라서, 신뢰할 수 있는 중개업소 사장님과 원만한 관계를 유지하는 것이 성공적인 투자로 이어질 가능성이 크다.

중개업소를 통한 우량 매물 확보
- 시장에 없는 정보까지 얻을 수 있다

중개업소는 단순히 부동산을 중개하는 역할을 넘어서, 시장에 공개되지 않은 물건비공개 매물, 급매물, 권리관계가 복잡한 물건 등에 대한 정보까지 보유하고 있다.

급매물을 빠르게 확보할 수 있는 장점이 있다. 매도자가 시급하게 자금을 확보해야 하는 경우, 중개업소를 통해 일반 매물보다 낮은 가격에 매입할 기회를 얻을 수 있다.

공개되지 않은 매물을 추천받을 가능성이 높다. 일부 매도자들은 거래가 조용히 이루어지길 원하며, 이러한 매물은 신뢰할 수 있는 투자자에게 먼저 소개되는 경우가 많다.

또한, 임대 안정성이 높은 물건을 찾을 수 있다. 중개업소에서는 기존 임차인 정보를 가지고 있어, 공실 위험이 적고 안정적인 임대 수익이 가능한 상가를 추천할 수 있다.

원만한 관계 유지가 투자 기회를 넓힌다

중개업소 사장님과의 관계가 돈독할수록, 좋은 매물을 가장 먼저 추천받을 가능성이 높아진다.

여러 차례 거래 경험이 있는 중개업소는 투자자가 선호하는 물건 유형을 정확히 이해하고, 불필요한 매물을 거르면서 최적의 물건만 추천할 수 있다. 신뢰도가 쌓이면 매물 검증이 쉬워진다.

부동산 거래에서는 매물의 법적 문제근저당, 권리관계 등를 꼼꼼히 확인해야 하는데, 신뢰할 수 있는 중개업소는 이런 리스크를 미리 걸러 주어 불필요한 시간 낭비를 줄여준다.

거래 성사율이 높은 매도자와 연결될 수 있다. 중개업소는 지역 내 매도자의 성향과 협상 스타일까지 파악하고 있는 경우가 많다.

따라서, 조건이 맞는 매도자를 빠르게 찾아주고, 원활한 협상을 진행할 수 있도록 도와줄 수 있다. 장기적인 투자 기회 확보가 가능하다. 신뢰 관계가 형성된 중개업소는 단발적인 거래가 아니라, 장기적인 투자 파트너로서 지속적으로 우량 매물을 제공할 가능성이 크다.

좋은 중개업소 사장님을 만나는 방법

부동산 투자를 위해서는 단순히 한두 곳의 중개업소를 방문하는 것이 아니라, 신뢰할 수 있는 중개업소를 선정하고 장기적인 관계를 유지하는 것이 중요하다. 해당 지역에서 오래 운영된 중개업소를 선택하는 것이 좋다.

부동산 시장은 지역마다 특성이 다르므로, 해당 지역에서 오랜 경험을 가진 중개업소를 찾는 것이 유리하다. 중개업소의 전문 분야를 확인하는 것도 필요하다.

상업용 부동산, 주택, 오피스 등 중개업소마다 전문으로 다루는 분야가 다를 수 있으므로, 본인의 투자 목적과 맞는 중개업소를 선택해야 한다.

투자 성향을 정확히 전달하는 것이 중요하다. 중개업소와의 첫 상담 시, 본인이 원하는 투자 방식예: 장기 임대형 vs 시세 차익형, 코어 상가 vs 리모델링 상가 등을 명확하게 전달하면, 맞춤형 매물을 받을 가능성이 높아진다.

신뢰를 쌓고, 지속적으로 연락을 유지하는 것이 필요하다. 단순히 한 번 방문해서 매물만 문의하는 것이 아니라, 정기적으로 연락하며 시장 상황을 공유하고, 거래 후 피드백을 주고받는 과정이 필요하다.

중개업소와의 관계가 투자 성공을 좌우할 수 있다

부동산 투자는 단순히 좋은 매물을 찾는 것이 아니라, 좋은 매물을 소개받을 수 있는 네트워크를 구축하는 것이 핵심이다. 좋은 중개업소와의 관계를 잘 유지하면, 일반적으로 접근하기 어려운 우량 매물을 확보할 기회가 많아진다.

투자 성향을 잘 파악한 중개업소는 불필요한 매물을 걸러 주고, 거래 성사 가능성이 높은 매도자와 연결해 줄 수 있다. 신뢰 관계가 쌓이면 향후 지속적인 투자 기회가 생기며, 정보 비대칭이 큰 부동산 시장에서 유리한 위치를 차지할 수 있다.

따라서, 단순히 매물을 찾는 것이 아니라, 좋은 중개업소 사장님과의 관계를 투자 전략의 한 축으로 삼아야 한다. 그들과의 신뢰를 바탕으로 협력할수록, 더 좋은 투자 기회를 확보할 가능성이 높아진다.

미금역은 신분당선과 분당선이 교차하는 역세권 상권으로, 성남시 분당구에서 중요한 상업 및 주거 중심지 중 하나다. 강남과 판교로의 접근성이 뛰어나고, 주변 인프라가 잘 갖춰져 있어 아래 3가지 사유로 상가 투자에 부담이 없는 지역이다.

뛰어난 교통 접근성 – 강남·판교와 직결되는 핵심 역세권

미금역은 신분당선과 분당선이 환승되는 역으로, 강남과 판교로의 이동이 매우 편리하다.

풍부한 배후 수요 – 거주 인구와 유동 인구의 조화

미금역 주변은 대규모 아파트 단지가 밀집한 주거 지역과 상업 시설, 학원, 오피스가 조성된 복합 상권이 혼재되어 있어, 다양한 소비층을 확보할 수 있는 입지적 강점을 가진다.

상권 활성화 – 안정적인 임대 수익이 가능한 지역

미금역 주변 상권은 음식점, 카페, 병원, 학원, 오피스 등이 균형 있게 분포되어 있어, 업종별로 다양한 임차 수요가 발생하는 특징이 있다.

수급 분석

본 건의 경우, 필지당 424세대_{반경 500m 내 10,600세대 / 주변 상가 필지 수, 500세대 이상이면 양호}로 적정 수급 균형을 유지하고 있어 상업 시설 운영 및 임대 수익 창출에 유리한 환경을 갖춘 것으로 판단된다.

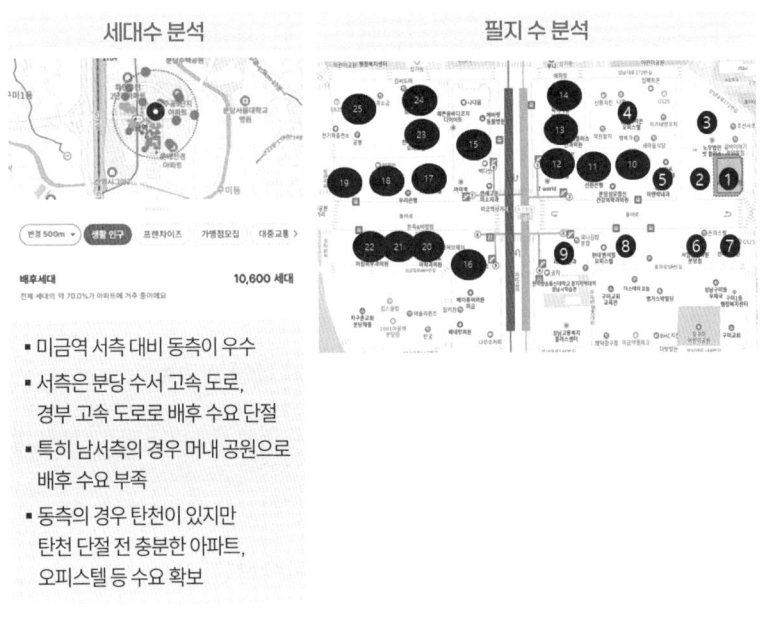

과도한 상가 공급으로 인한 공실 위험이 크지 않으며, 배후 수요를 기반으로 한 안정적인 운영이 가능할 것으로 기대된다.

따라서, 본 건은 필지당 배후 세대 수를 고려했을 때, 공실 리스크가 낮고 장기적인 임대 수익 창출에 유리한 투자처로 평가될 수 있다.

개발 호재 분석

미금역은 현재 신분당선과 분당선이 교차하는 핵심 교통 요충지로, 분당 내에서도 상업 및 주거 수요가 높은 지역 중 하나다.

하지만 기존 배후 수요뿐만 아니라, 인근 낙생 지구 및 대장 지구 개발로 인해 향후 미금역을 이용하는 유동 인구가 더욱 증가할 것으로 예상된다.

두 지역은 성남시 분당구 및 인근 지역에서 대규모 주거 단지로 개발 중이며, 입주민 상당수가 미금역을 주요 교통 거점으로 활용할 가능성이 크다. 이러한 변화는 미금역 상권에 긍정적인 영향을 미칠 것이며, 장기적으로 상업 시설 및 부동산 시장의 가치 상승을 견인할 것으로 보인다.

대장 지구는 성남시 분당구 대장동, 도촌동 일원에 조성되는 주거 중심 신도시로, 공공 주택과 민간 임대 주택이 포함된 대규모 주거 단지로 개발되고 있다. 이 지역에는 총 약 5,093세대가 입주할 예정이며, 이로 인해 새로운 거주 인구가 유입될 것으로 예상된다.

대장 지구에서 미금역까지는 마을버스를 이용하면 약 12분 정도 소요되며, 판교와 분당으로의 접근성이 뛰어나 출퇴근 인구가 많을 것으로 보인다. 특히, 판교와 강남 등 주요 업무 지구와 가까운 입지적 특성 덕분에, 대장 지구 거주자들의 미금역 이용률이 높아질 가능성이 크다.

또한, 대장 지구는 판교 신도시와 인접해 있어 기존 판교권 직장인 수요와 연계된 생활권을 형성할 것으로 예상되며, 향후 지역 내 소비력을 확대하는 요인으로 작용할 가능성이 높다. 이로 인해 미금역 주변의 상업 시설에 대한 수요도 함께 증가할 것으로 보인다.

낙생 지구는 성남시 분당구 금곡동 및 삼평동 일원에 조성되는 대규모 택지 지구로, 약 2,660세대 규모의 주거 단지가 조성될 예정이다. 이 지역은 미금역과의 접근성이 뛰어나며, 마을버스를 이용하면 미금역까지 약 7분 정도 소요된다.

낙생 지구 역시 판교, 분당, 강남으로 출퇴근하는 직장인 비율이 높을 것으로 예상되며, 미금역이 이들의 주요 이동 경로가 될 가능성이 크다. 현재 낙생 지구는 GTX-A 노선이 인접해 있어, 향후 교통 인프라가 추가적으로 확충될 경우 유동 인구 증가 효과가 더욱 커질 전망이다.

또한, 낙생 지구는 기존 분당과 판교 생활권에 속하는 지역으로, 분당 신도시의 인프라를 공유할 수 있어 신규 입주민들의 정착률이 높을 것으로 예상된다. 이러한 점을 고려했을 때, 낙생 지구의 개발이 완료되면 미금역을 이용하는 인구는 더욱 증가할 가능성이 높으며, 이는 자연스럽게 미금역 주변 상업 시설의 활성화로 이어질 수 있다.

낙생 지구와 대장 지구의 개발이 본격적으로 진행됨에 따라, 미금역을 이용하는 유동 인구의 증가는 상권 활성화에도 긍정적인 영향을 미칠 것으로 보인다.

첫째, 출퇴근 인구 증가로 인해 미금역 인근의 상업 시설(음식점, 카페, 생활 편의점 등) 소비층이 확대될 가능성이 높다.

둘째, 기존 배후 세대(분당·정자·구미동) 외에도 신규 소비층이 확보됨에 따라 상업 시설의 공실률 감소와 임대료 안정화 효과가 기대된다.

셋째, 미금역이 신분당선과 분당선이 교차하는 환승역으로서의 역할이 더욱 강화되면서 상권 내 업종 다변화가 이루어질 가능성이 있다.

특히, 미금역 상권은 강남, 판교 등 주요 업무 지구로 출퇴근하는 인구가 많고, 다양한 소비층이 공존하는 특성이 있다. 신규 개발 지역의 거주 인구가 미금역을 이용하게 되면, 이들의 소비 패턴 변화가 미금역 상권의 업종 구성에도 영향을 미칠 가능성이 크다. 이에 따라, 미금역 일대는 장기적으로 안정적인 상업 시설 수요를 확보할 수 있는 입지가 될 것이다.

매도인 분석

매도인의 연령은 60년생, 거주지는 일산, 매입한 지 오래되어 낮은 원가로 욕심의 3 요소와 멀어 저렴한 가격에 인수가 가능성이 높다고 판단되어 최초 3억 원 제시한 가격에서 1천만 원 할인하여 매수할 수 있었다.

📋 매도인 욕심 3요소

매도인의 연령이 높을 경우 욕심 강도가 줄어들어 주목해야 한다.

부동산 시장에서 매도인의 연령이 높을수록 매각 수요가 증가하는 경향이 있다. 이는 고령 매도인이 부동산을 장기 보유 했을 가능성이 높고, 낮은 취득 원가로 인해 높은 가격을 고집할 유인이 적기 때문이다.

또한, 고령층은 자산 유동성을 확보하고자 하는 니즈가 크며, 부동산 관리에 대한 부담이 가중되면서 매각을 고려하는 경우가 많다. 특히, 임대 관리를 직접 수행하기 어렵거나, 상속·증여보다는 현금화가 유리하다고 판단하는 경우 매각 의사가 더욱 확고해진다.

고령 매도인은 대체 투자처를 적극적으로 찾기보다는 안정적인 현금 유동성을 선호하는 경향이 강하여, 협상 과정에서 가격 조정이 비교적 수월할 가능성이 높다. 이에 따라, 투자자 입장에서는 가격 협상을 유리하게 이끌 수 있는 기회가 될 수 있다.

특히, 보유 기간이 길수록 양도세 부담이 줄어드는 장기 보유 특별 공제 혜택을 받게 되므로, 세금 절감을 위해 매각을 선택하는 경우도 많다. 따라서, 매도인의 연령과 자산 운용 계획을 고려하면, 보다 유리한 조건으로 부동산을 매입할 전략을 세울 수 있다.

부동산 매도인이 해당 물건과 거리가 먼 지역에 거주할 경우, 저렴하게 매각할 가능성이 높다.

이는 장거리에서 부동산을 관리하는 것이 어렵고, 지속적인 임대·운영 부담이 크기 때문이다.

특히, 임차인 관리나 유지 보수가 필요한 상업용 부동산의 경우, 매도인이 직접 방문하기 어려운 원거리 물건은 매각을 고려할 가능성이 더욱 높다. 또한, 거주지와 멀리 떨어진 부동산은 심리적 거리감이 커져, 정서적 미련 없이 처분을 결정하는 경우가 많다.

거리가 멀수록 투자에 대한 관심도가 낮아지고, 공실이 발생하거나 관리가 필요할 때 대응이 늦어지면서 추가적인 부담이 가중된다. 따라서, 매도인은 더 이상 관리에 신경 쓰기보다는 현금화하여 가까운 지역에서 새로운 투자처를 찾으려는 경향을 보인다.

이러한 이유로 원거리 매도인은 가격 조정에도 유연하게 대응할 가능성이 높으며, 투자자 입장에서는 보다 합리적인 조건으로 협상을 진행할 기회를 가질 수 있다. 따라서, 매도인의 거주지와 해당 부동산의 위치를 고려하여 접근하면, 유리한 가격으로 매입할 가능성을 높일 수 있다.

🔍 매도인 욕심 3요소 중 원거리일수록 매각 수요 증가

관리 부담 증가	임대 수익 관리 및 리스크 대응 어려움

- 상가는 공실 관리, 임대차 계약 갱신, 시설 유지 보수 등 관리 측면
- 원거리가 거주 시 직접 방문이 어려워 세입자 소통 또는 시설 점검 원활하지 않을 수 있음
- 관리인 고용 또는 부탁 시 빚이 쌓이는 구조로 나중에는 비용 증가 요인

- 세입자 문제 발생 시(연체, 계약 불이행, 분쟁 등), 즉각적인 대응이 어려움
- 상가 임대는 주택 대비 시장 환경 변동이 빨라 상권 침체, 공실 발생 시 중개인 대면을 통한 협의 및 부탁을 하여야 하는데 쉽지 않음

부동산을 장기 보유한 매도자의 경우, 초기 매입가가 낮아 가격 민감도가 상대적으로 낮은 편이다.

이는 오랜 기간 보유하면서 자산 가치 상승을 경험했고, 원가 대비 충분한 차익을 실현할 수 있기 때문이다.

특히, 수십 년 전에 매입한 부동산은 물가 상승과 부동산 시장의 성장으로 인해 현재 시세와 큰 차이가 발생하기 마련이다.

따라서, 매도인은 일정 수준의 이익만 확보되면 매각을 고려하는 경향이 있으며, 가격 협상에서 유연하게 대응할 가능성이 높다.

반면, 단기 보유자의 경우 매입가가 높아 손실 가능성을 우려하며, 기대했던 차익을 확보하지 못하면 매각을 미루는 경우가 많다.

이에 비해 장기 보유자는 이미 충분한 가치 상승을 경험했기 때문에, 시세 대비 다소 낮은 가격에도 매도를 결정할 가능성이 크다.

이러한 특성은 부동산 투자자 입장에서 협상력을 높일 수 있는 중요한 요소로 작용하며, 매도인의 보유 기간을 고려한 전략적 접근이 필요하다.

즉, 장기 보유자의 물건을 타깃으로 하면 보다 합리적인 가격으로 매입할 기회를 가질 수 있다.

매도인 욕심 3요소 중 장기 보유자일수록 매각 수요 증가

장기 보유자 심리	장기 보유 특별 공제
	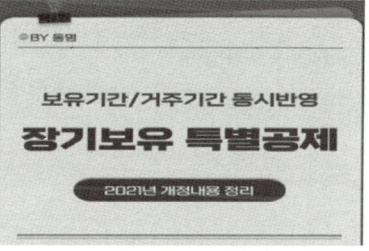
• 20년 전 5억 원에 산 상가가 현재 15억 원이라면, 13~14억 원에도 충분히 팔 개연성 높음 • 반면, 최근에 13억 원에 매입한 투자자는 15억 원 이하로는 손해라고 판단하여 매도하지 않을 가능성 높고 낮게 매도하려 하지 않을 확률 높음 • 이익 실현에 대한 심리적인 마지노선이 낮아져서, 시세 대비 저가 매도 발생 가능성 높음	• 장기 보유 특별 공제는 부동산을 오래 보유할수록 양도 소득세 부담이 줄어드는 세제 혜택임. • 보유 기간 3년 이상이면 공제율 적용, 최대 30%(10년 이상 보유 시)까지 세금 감면 가능. • 따라서, 매도인은 시세 차익이 크더라도 장기 보유 시 세금 부담이 낮아지므로 무리한 가격을 요구할 필요가 적음.

🔍 부동산 투자 전략 유형 분류: 본 건은 코어 투자 전략에 해당한다

리스크 수익률	투자 유형	정의	예시
↓ 저위험 ↓ ↓ ↓ 고위험	코어	▪ 현재 입지 우수(ex. 신논현, 이태원, 홍대) ▪ 안정적인 임차인이 입점한 상가	▪ 500세대 이상 단지 내 상가, 역세권 도보 2분 이내 상가 ▪ Buy & Hold 전략 ▪ **사례: 미금역 골드프라자 (2차시 자세히 소개 예정)** (매입 > 보유 > 임대료 인상 > 매각)
	코어+	▪ 입지 개선 예정(ex. 지하철 개통, 재개발 등) ▪ 시세 대비 임대료 저평가된 상가 ▪ 시세 대비 저가 매수 가능 상가	▪ 현재 임차인의 최초 영업 기간이 오래된 상가 ▪ 매도인의 성향상 임대료를 높이지 않는 상가 ▪ **사례: 미금역 동양프라자 (3차시 자세히 소개 예정)** (매입 > 철거 > 임대차 유치 > 임대료 인상)
	가치 부가	▪ 공실 상가 매입 후 임차인 유치 (분할 임대차 유치 포함)	▪ 장기간 공실로 매도인이 지쳐서 매도하는 상가 ▪ 매입 후 임차인 유치 ▪ **사례: 구리 A 상가(5차시 자세히 소개 예정)** (매입 > 추가 매입 > 임대차 유치)
	기회 추구	▪ 미철거된 상가 철거 및 인테리어 후 임차인 유치	▪ 인테리어 ▪ **사례: 야탑 A 상가 (4차시 자세히 소개 예정)** (매입 > 철거 > 인테리어 > 임대차 유치)

저위험 투자 전략
고위험 투자 전략

본 건은 이미 안정화된 상권 내에 위치해 있으며, 지속적인 유동 인구와 배후 수요를 확보하고 있는 입지적 강점을 갖추고 있다. 일반적으로 코어 자산은 투자 시점에서 큰 변동성이 없고, 안정적인 임대 수익을 기대할 수 있는 특징을 가진다.

본 건 역시 입지적 측면에서 이미 활성화된 상업 지역에 위치하고 있으며, 해당 지역 내 지속적인 임차 수요가 존재하는 점에서 코어 자산의 특성을 가지고 있다. 즉, 시장 상황이 급변하더라도 임차인 유지 및 공실 리스크가 크지 않은 자산으로, 장기적으로 안정적인 임대 수익을 기대할 수 있다.

본 건의 또 다른 특징은 현재 임대료가 시세 대비 저평가되어 있어 _{코로나로 인해 매도인이 임차인에게 임대료를 감액해 준 시점}, 향후 임대료 인상을 통한 수익 개선 가능성이 존재한다는 점이다.

코어+ 자산은 기본적으로 안정성이 확보된 상태에서 추가적인 가치 상승을 기대할 수 있는 투자 대상이다. 본 건 역시 현재 시장 임대료 대비 낮은 수준에서 임대 계약이 체결되어 있어, 계약 갱신 시점에 점진적인 임대료 조정이 가능하며, 이를 통해 수익률을 더욱 높일 수 있는 기회가 존재한다.

특히, 해당 상권이 지속적으로 성장하거나, 지역 내 상업 수요가 증가할 경우 자연스럽게 임대료가 상승할 가능성이 높다. 이에 따라, 본 건은 단순한 코어 자산이 아니라, 코어+ 요소를 함께 내포한 투자처로서 장기적으로 자산 가치를 더욱 높일 수 있는 특성을 가진다.

본 건은 코어 자산과 코어+ 자산의 장점을 동시에 보유하고 있는 유형으로, 안정적인 입지와 상권 속에서 꾸준한 임대 수익을 기대하면서도, 임대료 인상을 통한 추가 수익 창출 가능성을 가진 투자처로 볼 수 있다.

따라서, 본 건은 안정성과 성장성을 동시에 고려하는 투자자에게 적합한 자산으로, 장기적인 임대 전략과 시장 분석을 병행한다면 더욱 높은 투자 성과를 기대할 수 있는 기회가 될 수 있다고 판단하여 매수를 결정하게 되었다.

수익성 분석

매입 가격은 2.9억 원, 임대 조건 보증금 2,000만 원, 임대료 130만 원일 경우 레버리지 전 수익률은 5.8%, 레버리지 후 수익률은 14.6% [임대료 130만 원-이자 45만 원(이자율 2.7%)) × 12개월/(매매 금액 2.9억 원-보증금 2천만 원-대출 2억 원]

매도인이 코로나 전 수령하던 임대료 수준인 150만 원으로 인상 시 레버리지 전 수익률 6.2%, 레버리지 후 수익률은 18%

임차인 분석

임차인의 경우 이미용 업종왁싱, 마사지 운영 중으로 미금역은 유흥 및 직장 인구가 많아 영업 수준이 양호할 것으로 분석되어 안정적인 월세 수령이 가능할 것으로 판단했다.

미금역 직장인 인구 및 마사지 경쟁 업체 수

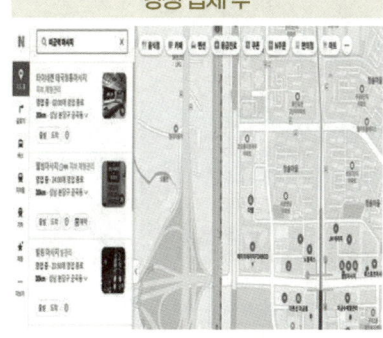

해당 상가는 오랜 기간 동안 마사지 숍으로 운영되어 왔으며, 업종 변경 없이 지속적으로 동일한 용도로 활용된 이력이 있다. 이러한 점은 임차 수요가 꾸준히 유지되고 있다는 것을 시사하며, 안정적인 업종으로 자리 잡았음을 의미한다.

또한, 네이버 로드 뷰를 통해서도 과거부터 현재까지 마사지 숍으로 운영되었음을 직접 확인할 수 있어, 업종의 지속성과 입지적 장점을 객관적으로 검증할 수 있다. 이는 향후 임차인 유치에도 긍정적인 요소로 작용할 수 있으며, 동일 업종 유지 시 빠른 임대 가능성을 기대할 수 있는 물건으로 평가된다.

네이버 로드 뷰상 지속적으로 마사지 업종이 임차한 것을 확인 가능

마사지 숍 임대료 수준의 합리적 추정 근거

상업용 부동산 투자 및 임대 시장에서 적정 임대료 산정은 매출 대비 임대료 비율을 고려하는 것이 일반적이다. 마사지 숍과 같은 서비스 업종의 경우, 월 매출의 10~20% 수준을 적정 임대료로 설정하는 것이 일반적인 기준으로 적용된다. 이를 바탕으로, 일일 고객 수, 평균 단가, 월 매출을 고려하여 임대료 수준을 추정할 수 있다.

매출액에 따른 적정 임대료 추정

일일 고객 수	1인 평균 단가 (10만 원 기준)	월 매출 (30일 기준)	적정 임대료 (10~20%)
5명	50만 원	1,500만 원	150~300만 원
10명	100만 원	3,000만 원	300~600만 원
15명	150만 원	4,500만 원	450~900만 원

위의 표를 참고하면, 마사지 숍의 일일 고객 수에 따라 예상되는 월 매출과 그에 따른 적정 임대료 수준을 확인할 수 있다.

일일 고객 수가 5명 수준일 경우, 월 매출은 약 1,500만 원으로 예상되며, 적정 임대료는 150만~300만 원 수준으로 추정된다.

일일 고객 수가 10명으로 증가할 경우, 월 매출은 3,000만 원에 달하며, 이 경우 300만~600만 원의 임대료 지출이 적절한 범위로 분석된다.

고객 수가 15명까지 증가할 경우, 월 매출은 4,500만 원 수준이며, 적정 임대료는 450만~900만 원까지 상승할 수 있다.

이러한 분석을 통해, 마사지 숍이 안정적인 영업을 유지할 경우, 월 매출의 10~20% 내에서 임대료를 부담하는 것이 현실적인 기준이 될 수 있다. 특히, 상권 특성과 경쟁 강도를 고려하여 평균 고객 수와 객 단가를 보수적으로 평가한다면, 예상 임대료를 보다 합리적으로 산정할 수 있다.

결론적으로, 기존 임차인이 납부하고 있는 130만 원은 저렴하다고 판단되어 상승 가능성이 높음을 재확인하였다.

상가 매매 계약서_매수

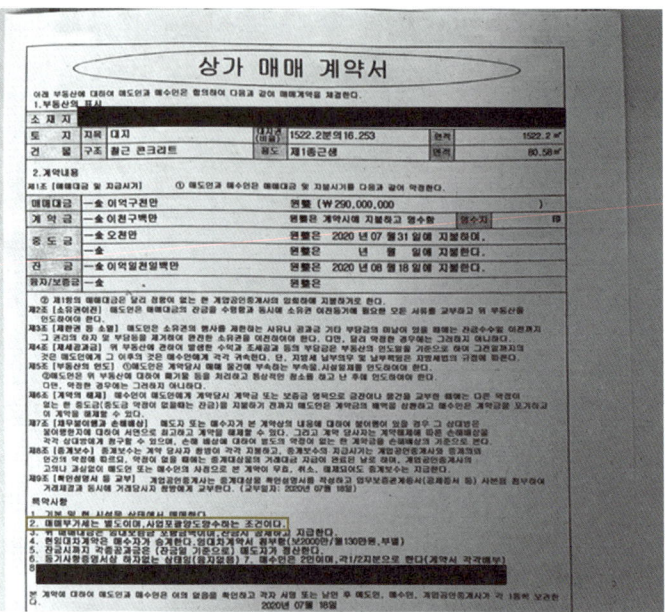

매매 계약서 특약 사항에 사업 포괄 양수도 조항을 간단하게 살펴보자.

통상 상가 투자 시 일반 임대 사업자 등록 후 "사업 포괄 양수도" 절차 진행한다.

일반 임대 사업자는 매출액이 8,800만 원이 초과하는 사업자로 세금 계산서 발행 및 매입 세액 공제 가능하고 간이 사업자는 매출액이 8,800만 원 미만인 사업자로 매입 세액 공제가 안 되는 사업자이다.

간이 과세자 vs 일반 과세자

구분	간이 과세자	일반 과세자
매출 기준	8,000만 원 이하	8,000만 원 초과
부가세 신고 횟수	1년 1회(1월 25일)	1년 2회(1월, 7월)
부가세율	2~4%(업종별 차등)	10% 고정
세금 계산서 발행	× 불가(영수증만 가능)	☑ 가능
매입세액 공제	× 불가	☑ 가능
전환 기준	8,000만 원 초과 시 일반 과세자로 변경	-

상가 매입 시 사업자 유형은 매출 규모 및 업종에 따라 전략적으로 선택하는 게 맞지만 "개인" 명의로 투자 시 일반 임대 사업자 등록 후 투자하는 것을 기본적으로 생각하자.

대다수의 매도인이 일반 임대 사업자이며 포괄 양수도 계약을 원하고 매수자 입장에서도 좋다.

포괄 양수도 계약을 하지 않을 경우 매매 금액 중 건물분에 대해 부가 가치세를 매도인에게 지급 후 매도인은 이를 세무서에 납부하고 매수인은 세무서에 부가세 환급 신청을 해야 하는 번거로움과 부가세 자금을 추가로 마련해야 하는 번거로움이 있다.

매도인으로부터 인수받은 월세 계약서

임대차 계약서 특약 사항에서 임차인은 임대인에게 시설비 및 권리금을 청구할 수 없다는 조항을 기재하여 임차인에게 원상 복구 의무가 있음을 다시 한번 명확히 하였다.

매월 월세 수령 후 임대차 계약 기간 만료 시점에 맞춰 임대료를 4만 원 인상률: 3% 인상하였다. 거래 부동산에 대필 계약서로 진행하였다. 5~20만 원 임대료 인상률 계산은 부동산 계산기 어플을 활용하면 편하다.

운영 중 월세 인상 계약 체결

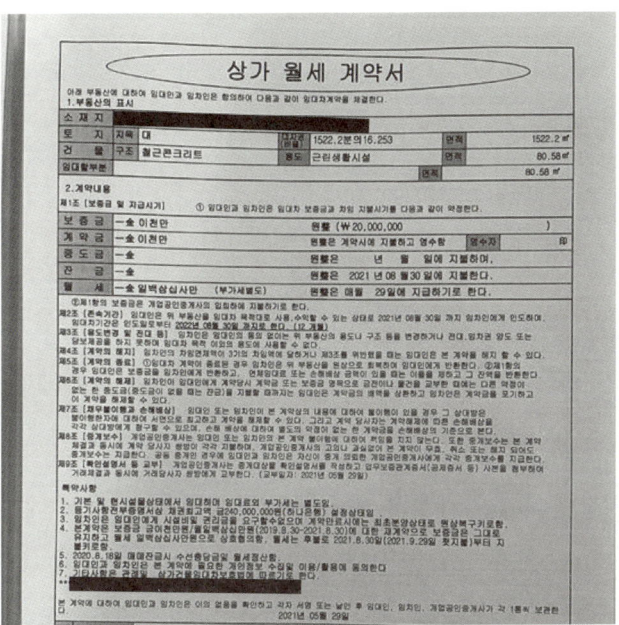

상가 임대차 보호법, 갈등 최소화를 위해 임대차 계약 기간 만료 6개월 전 협상에 돌입하는 것이 좋다.

임대료 인상이 지속적으로 이뤄질 수 있다고 판단될 경우 계약 기간을 1년 단위로 체결하여 1년 단위로 임대료 인상을 할 수 있게 하는 것도 방법이다.

임대료 인상률 계산은 부동산 계산기 사이트를 활용하여 간편하게 계산하자.

부동산 계산기

양도세 기본 세율 구간에 진입하게 되는 2년 보유 요건을 충족1년 미만 50%, 1~2년 40%하게 되었고

4억 원에 시장에 내놓은 매물을 협상 과정을 거쳐 3.8억 원에 매각 완료하였다.

자기 자본 8,500만 원 투자하여 7,444만 원매각 차익 8,000만 원, 양도 소득세 556만 원으로 투자 수익률 87.5%연 환산 43.75%로 마무리하였다.

📑 매매 계약서_ 매도

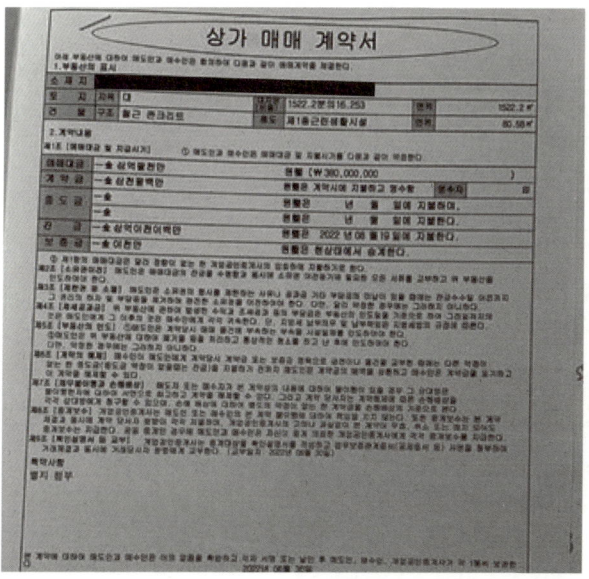

투자를 마무리하고 복기해 보니 신분당선 개통 전 이 물건을 알았다고 하면 더 좋지 않았을까 하는 생각이 들었다. 개통 전후 업종의 변화가 로드 뷰로도 느껴지기 때문이다.

신분당선 개통 전: 사우나, 헬스 등 저부가 가치 업종

신분당선 개통 후: 의원, 은행 등 고부가 가치 업종

분당선, 신분당선 더블 역세권 미금역 소재 인근 빌딩들에도 공실이 없는 안정적인 상가의 경우 물가 상승률에 따라 임대료 인상은 자연스럽게 따라오는 곳인데도 불구하고 매도의 경험을 해 보고 싶어 매각한 것이 아쉬웠고 매도 전 주변 상가의 임대차 변화 상황을 면밀하게 파악하지 못하고 적정한 이익이라고 생각되어 중개사의 꼬임에 넘어가 저가 매도를 한 측면도 있었던 거 같아 반성이 되는 투자였다.

마지막으로 상가 투자 시 시설 용도와 면적 기준을 꼭 확인해야 하며, 확장 계획이 있다면 용도 변경 절차까지 고려가 필요하다.

CHAPTER 8

실제 상가 투자 사례 #2

코어 플러스 전략 투자 사례 (미금 B 상가)

특징: 핵심 입지 + 저가 매입 + 철거 + 적정 임대료를 통한 임차인 유치

08 실제 상가 투자 사례 #2
코어 플러스 전략 투자 사례
(미금 B 상가)

특징: 핵심입지 + 저가 매입 + 철거
+ 적정 임대료를 통한 임차인 유치

매각 및 잔금 수령 후 미금 A 상가 매수 시 매도인 측 중개사와 연이 되어 그분께 방문 드려 잘 매도했다고 말씀드리고 좋은 투자처를 문의드렸다.

중개사 사장님께서 소개해 주신 물건을 듣자마자 해당 시세를 평소에 정확히 파악하고 있던 필자는 듣자마자 가계약금을 송부하게 되었다.

시세와 지역을 파악하는 것이 중요한 이유
- 저평가된 매물을 빠르게 판단하는 능력

부동산 투자는 단순히 좋은 매물을 찾는 것이 아니라, 그 매물이 시장에서 경쟁력을 갖추고 있는지 빠르게 판단하는 것이 핵심이다. 이를 위해서는 평소 해당 지역의 시세와 임대 수준을 지속적으로 모니터링하는 것이 필수적이다.

부동산 시장은 고정된 것이 아니라 경제 상황, 금리 변동, 인구 유입, 개발 계획 등 다양한 요인에 의해 변동한다. 따라서 특정 매물을 평가할 때 단순히 현재 가격만 보는 것이 아니라, 이 가격이 시세 대비 얼마나 저렴한지, 혹은 임대료 수준이 저평가되어 있는지를 신속하게 판단하는 것이 중요하다.

시세를 알고 있으면 저평가 여부를 빠르게 판단할 수 있다

부동산을 매입할 때 시세 대비 얼마나 낮은 가격에 매입하는지가 투자 성과를 결정짓는 중요한 요소가 된다. 하지만 시장에 나와 있는 매물의 가격이 항상 합리적인 것은 아니다.

일반적으로 시세보다 낮은 가격으로 매물이 나올 경우, 매도자가 급하게 자금을 확보해야 하거나, 시장이 침체기에 접어들어 가격이 하락하는 국면일 가능성이 있다. 반면, 건물의 구조적 문제나 권리관계 등의 이유로 시장에서 외면받는 매물일 수도 있다.

이러한 다양한 변수를 고려하면서도, 정말 좋은 매물인지 아니면 저평가될 만한 이유가 있는지를 판단하려면 지역 시세에 대한 정확한 이해가 필요하다.

예를 들어, 해당 지역의 일반적인 상가 매매 가격이 3.3㎡당 1,000만 원 수준인데, 특정 매물이 800만 원에 나왔다면, 그 차이를 빠르게 인지하고 분석할 수 있어야 한다.

이때, 단순히 가격이 저렴하다는 이유만으로 매입하는 것이 아니라, 왜 저평가되었는지를 면밀히 검토해야 한다.

네이버 부동산을 통해 시세 조사

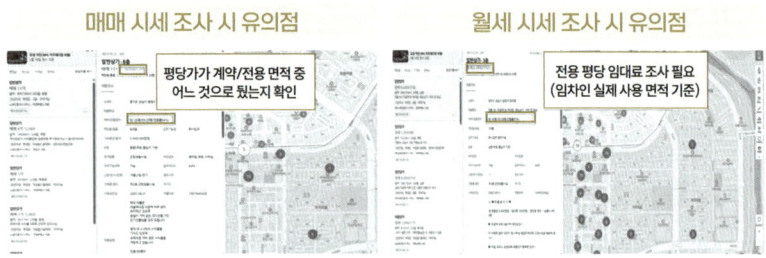

임대료 수준이 저평가된 경우 추가 수익 창출 기회가 있다.

부동산 투자에서 중요한 또 하나의 요소는 임대료가 적정 수준인지 여부다. 현재 임대료가 시세보다 낮다면, 계약 갱신 시점에 임대료를 올릴 수 있는 가능성이 존재한다. 반대로, 현재 임대료가 시세보다 높은데도 공실이 많다면, 장기적인 임대 전략을 조정해야 할 필요가 있다.

예를 들어, 인근 상권의 동일한 조건의 상가들이 월 300만 원의 임대료를 받고 있는데, 특정 매물의 임대료가 250만 원이라면, 이는 저평가된 매물일 가능성이 있다. 해당 매물이 안정적으로 운영되고 있다면, 추후 임대료 조정이 가능하여 추가적인 수익 창출 기회가 될 수 있다.

다만, 주변 시세 대비 임대료가 낮은 이유를 파악해야 하며, 임차인의 영업력, 계약 조건, 지역 내 수요 변화 등을 고려해야 한다.

이처럼, 임대료 수준을 면밀히 분석하면, 매입 후 운영 전략을 미리 계획할 수 있고, 안정적인 수익을 올릴 가능성이 높아진다.

결론 – 시장을 이해하는 투자자가 기회를 잡는다

부동산 투자는 단순히 매물을 찾아 계약하는 것이 아니라, 그 매물이 시장에서 얼마나 저평가되어 있는지를 빠르게 판단하는 능력이 핵심이다. 이를 위해서는 평소 해당 지역의 시세와 임대료 수준을 지속적으로 모니터링하는 습관이 필수적이다.

시장 가격을 알고 있으면, 저평가된 매물을 빠르게 선별할 수 있고, 임대료 인상 가능성을 예측하여 추가적인 수익 기회를 확보할 수 있으며, 불필요한 리스크를 최소화하고 안정적인 투자 결정을 내릴 수 있다.

결국, 좋은 투자자는 단순히 매물을 많이 보는 것이 아니라, 그 매물이 시장에서 경쟁력을 갖추고 있는지, 얼마나 저평가되어 있는지를 즉시 판단할 수 있는 사람이다. 이를 위해서는 시장 조사와 시세 분석이 반드시 선행되어야 하며, 지속적인 관심과 학습이 필요하다.

해당 물건 매매 호가는 2.5억 원이었고 공시 지가만 해도 2.85억 원 수준이었다. 시세 조사는 더 할 것이 없었다.

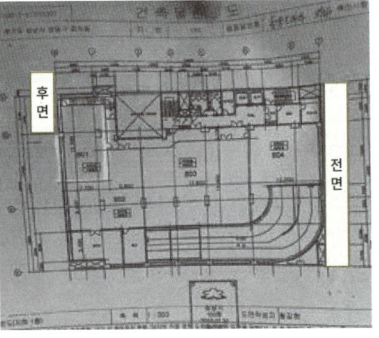

후면 사진을 보면 지하 1층으로 출입할 수 있는 직통 계단 유무에 따라 투자성이 달라지며 본 건은 직통 계단이 있어 우선 합격점이다.

본 건은 피난층 또는 지상층으로 연결된 직통 계단이 2개가 있어 웬만한 업종은 모두 유치가 가능한 상가였고 지하층 직통 계단이 있을 경우 2층과 동일하거나 더 우수한 가치를 보유하는 경우도 있어 가산점을 주었다.

유동 인구, 배후 수요 분석은 투자 사례 1 골드프라자 옆 건물로 동일하므로 투자 사례 1을 참고하자.

　매도인은 욕심 3요소연령, 거주지, 보유 기간 및 원가 측면에서 다행히 욕심 강도가 낮을 것으로 보였다.

　기존 임차인은 타이 마사지였고 코로나 직격탄으로 공실이 비교적 오랜 기간 발생하였다고 전해 들었다. 매도인은 철거를 안 한 상황에서 임대차 활동을 영위하고 있었던 것으로 파악되었다.

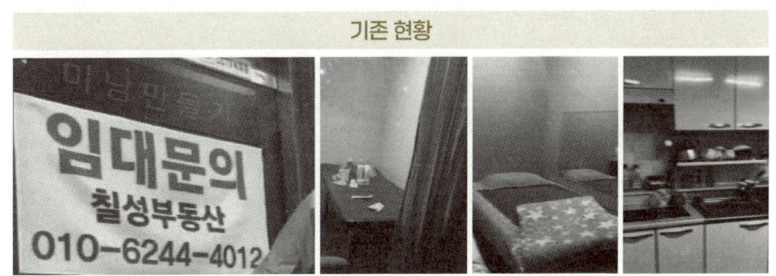

부동산 임대 시장에서 임차인들은 단순히 월세가 저렴한 곳을 찾는 것이 아니라, 초기 투자 비용을 최소화할 수 있는 공간을 선호하는 경향이 강하다.

예를 들어, 어떤 상가나 사무실이 임차인을 구하는 과정에서 내부 시설이 전혀 갖춰지지 않은 상태라면, 임차인이 직접 인테리어와 설비를 설치해야 하는 부담이 발생한다. 이러한 경우, 월세가 다소 저렴하더라도 임차인 입장에서는 초기 비용이 많이 들기 때문에 선뜻 계약을 결정하기 어려울 수 있다.

반대로, 내부 인테리어와 기본적인 설비가 갖춰져 있어 임차인이 별다른 추가 비용 없이 바로 영업을 시작할 수 있는 공간이라면, 월세가 다소 높더라도 선호도가 높아진다. 이는 임차인이 초기 투자비를 절감할 수 있기 때문에, 비용 부담을 줄이고 빠르게 사업을 시작할 수 있는 것이 더 큰 이점으로 작용하기 때문이다.

따라서, 임대인은 단순히 낮은 월세를 제시하는 것보다, 기본적인 인테리어와 설비를 갖춘 상태로 임대하는 것이 공실을 줄이고 빠른 계약을 유도하는 효과적인 전략이 될 수 있다. 이는 특히 음식점, 미용실, 학원, 사무실 등 특정 업종에서는 더욱 중요한 요소가 된다. 임차인은 공간을 직접 꾸미기보다는, 최소한의 손만 보면 바로 영업을 시작할 수 있는 공간을 찾기 때문이다.

결과적으로, 임대인은 임대 수익을 극대화하고 공실을 줄이기 위해 임차인의 입장에서 어떤 요소를 선호하는지 고려해야 하며, 시설이 갖춰진 공간을 제공하는 것이 장기적으로 더 안정적인 임대 수익을 창출하는 방법이 될 수 있다.

따라서, 필자는 매수 후 철거를 하기로 결정하였다.

전문가 플랫폼 어플을 통해 철거 업체에 견적 문의를 했고 철거비만큼 매매 가격에서 차감하여 최종적으로 2.15억 원에 매매 계약을 체결하였다. 임차를 새로 맞춰도 충분한 승산이 있다고 판단하였다.

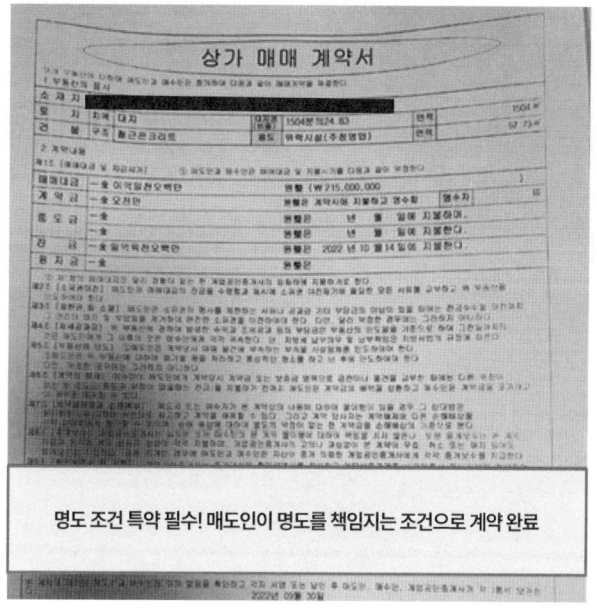

해당 지역은 대다수가 권리금이 붙은 지역이었고 임차인 입장에서 권리금이 투자금에서 빠지게 되므로 주변 시세 수준으로 임대차 유

치를 할 경우 임대차 경쟁력이 있을 것이라는 생각을 했었고 보증금 2,000만 원, 임대료 150만 원 수준으로 중개사 분이 보유한 네트워크를 활용해 임대차를 맞춰 보기로 하였다.

철거는 약 일주일간 소요되었고 노출 콘크리트 형태로 원상 복구가 잘되었다. 이후 약 1~2개월 정도 임차인 유치 활동 과정이 있었고 매매를 성사시켜 준 중개업소에서 보드게임 업체를 잘 모셔 와 아래 사진처럼 월세 계약을 체결할 수 있었다.

철거 중

다만, 기존 목표했던 보증금 2,000만 원이 아닌 1,500만 원으로 체결되었고 렌트 프리를 1개월 반 정도 부여하여 임차인에게 유인책을 제공하였다.

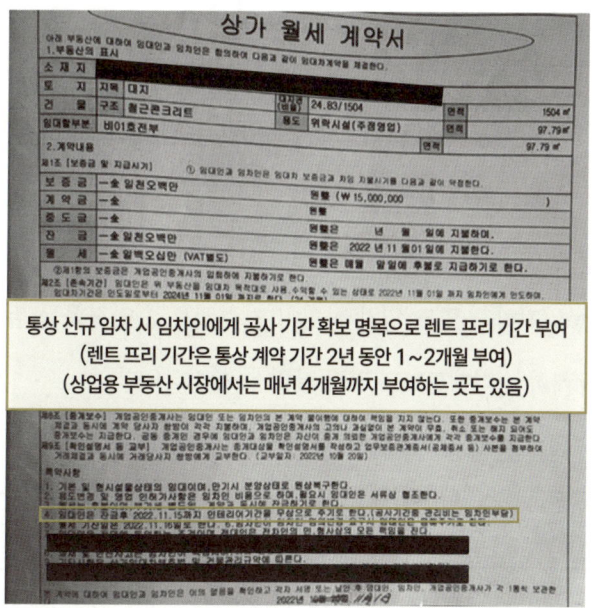

임차인은 현재 해당 건물을 학생 및 직장인 겸용 보드게임 카페로 운영 중이다.

임차인은 매수 중개사와 오랜 기간 위탁 운영을 다수 사업장에서 영위한 베테랑 사업자로 확인되어 임대료 체납 위험 없다고 판단하였고 실제로 2년 넘는 기간 동안 연체가 없었다.

타 지역 보드게임 카페 매출액 사례, 미금역 임대 시세, 기존 임대 보증금 제시 수준이 2,000만 원인데 1,500만 원에 계약해서 저보증금을 협상 카드로 월세를 올릴 수 있는 여지가 다양하다고 판단되었다.

임대차 만기 후 임차인에게 5% 인상 요청을 완료했고 저렴하게 사용 중인 것을 인지하고 있고 영업 환경이 지속적으로 안정화를 달성한 임차인은 흔쾌히 수락했고 2년 연장 계약을 체결하였다.

기존: 보증금 1,500만 원, 월세 150만 원에서

변경: 보증금 2,000만 원. 월세 158.25만 원으로 인상 완료 하였다.

이후 대출 만기가 다가와 대환을 추진하였고 기존 금리 4.8%에서 4.1%로 대환을 협의 중이다.

이에 따른 레버리지 수익률은 16.8%로 상승할 예정(임대료 158.25만 원-이자 45만 원)/(매매 가격 2.15억 원+철거비 1,250만 원-보증금 1,500만 원-대출 13,200만 원)이다.

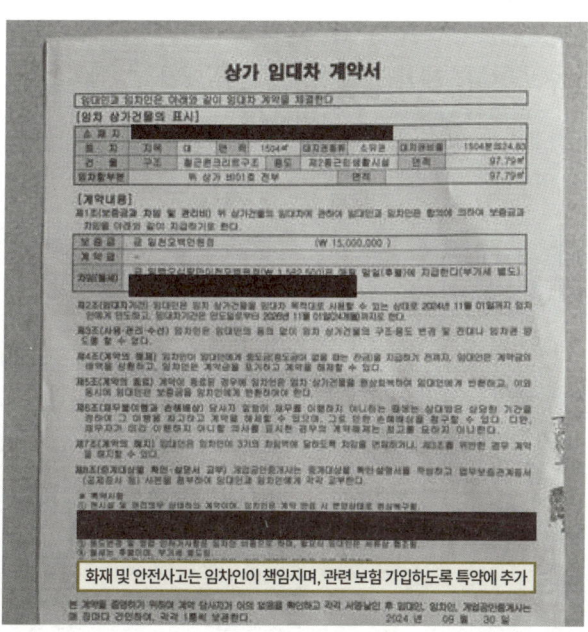

향후 매년 5%씩 목표했던 200만 원으로 월세를 차츰 인상시킬 경우 순수익과 레버리지 후 수익률은 아래와 같다.

향후 월세 증가에 따른 레버리지 후 수익률 변화

구분	월세	이자	순수익	레버리지 후 수익률
현재	158.25	45	113.25	**16.88%**
2년 후	166.1625	45	121.1625	**18.06%**
1~2년 후	174.47063	45	129.47063	**19.30%**
1~2년 후	183.19416	45	138.19416	**20.60%**
1~2년 후	192.35386	45	147.35386	**21.97%**
1~2년 후	201.97156	45	156.97156	**23.40%**

본 건 상가 임대차 유치를 위해 작성한 임대차 안내문도 참고로 첨부하였으니 참고하여 향후 임대차 마케팅 활동 시 참고하면 좋겠다.

물건 개요

- 본 물건은 미금역 도보 약 2분 거리 내 소재한 초역세 권역 내 소재한 구분 상가로 배후 수요 多
- 1층에서 바로 연결되는 지하층으로 2층보다 접근성 양호

전면 및 측면부

지하 직통 계단

후면부

대지 위치	███████████
지역 지구	중심 상업 지역
도로 현황	전면 35~40m, 후면 폭 8~10m
대지 면적	455평
건축 면적	327평
면적	전용 30평(계단실 밑 + @ 공간 창고로 이용 가능)
건폐율	71.94%
용적률	486.82%
건축 규모	B4 / 8F
주차 대수	총 103대(자주식 65대, 기계식 38대)
주 용도	근린 생활 시설
구조	철근 콘크리트 구조
건축물 높이	35.9m

현황(동영상_ 클릭하여 확인)

- 직사각형 모양의 반듯한 구조로 복도 및 외부 간판 등 다양한 홍보물 부착 가능
  (관리 사무소 확인 완료)

상가 내부

공용 부분(현관)

입지

- 본 건이 소재한 동양프라자는 2, 4사분면의 주거민의 동선 흡수
- 직장인 출퇴근 및 회식(2, 4분면)으로 직장인의 유효 동선 확보

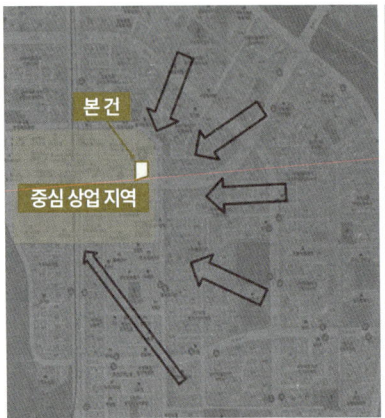

본 건 반경 500m 내 배후 세대 약 10,756천 세대

신분당선, 분당선을 통한 귀가가 용이하여 분당 지역 내 회식 1순위

임대 시세

- 구역별 전용 면적 평당 임대 수준은 다음과 같음(현재 영업 중인 점포 입대료 네이버 부동산 확인)
- 본 건의 임대료 수준은 전용 면적 평당 5만원으로 가성비 있는 조건으로 사업 영위 가능

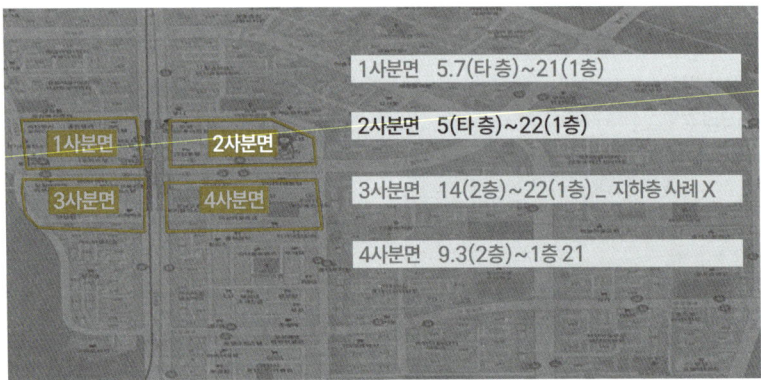

1사분면   5.7(타 층)~21(1층)
2사분면   5(타 층)~22(1층)
3사분면   14(2층)~22(1층) _ 지하층 사례 X
4사분면   9.3(2층)~1층 21

지층의 경우 통상 1층 대비 30% 수준에서 임대료 결정. 단, 외부에서 직통 계단 연결 시 35% 가능하므로 본 건은 7.7만 원까지 가능
성공적인 도약을 응원해드리고자 해당 권역 최저 임대료 수준으로 임차 유지

적합 업종 예시(공유 경제)

공유 주방

공유 창고

댄스 연습실

홀 복합형 공유 주방

적합 업종 예시(체육 관련)

주짓수

레슬링

복싱

크로스핏

적합 업종 예시(Entertainment)

보드게임 카페

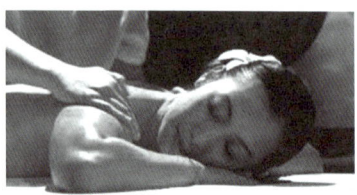
마사지

BAR OR PUB

코인 노래방

추가로, 본 건에 대해 임차인을 못 구할 경우 대안 중 하나로 생각했던 공유 창고에 대해 간략하게 분석한 사항을 살펴보자.

미니 창고 다락을 참고했고 구획도는 아래와 같다.

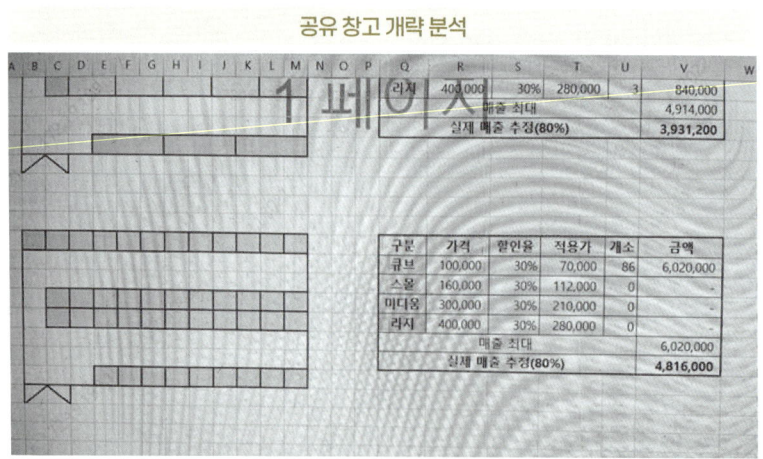

공유 창고 구획 시 1인 가구용 보관 사이즈 86개를 투자 비용 7천만 원 투입하여 세팅, 할인율 약 30% 적용 시 예상 월 매출 약 450만 원이고 운영 비용 150만 원 가정 시 월 손익 300만 원, 세금 고려 안 할 경우 연 수익률이 12% 수준으로 단순 임대차가 적절한 전략이라고 판단하여 단순 임대차로 진행하는 것이 좋다고 생각하였다.

두 번째 투자 사례를 마치기 전에 마지막으로 당부하고 싶은 말은 상가 투자 시 관리 규약 확인을 해 보라는 것이다.

업종 제한 조항 - 특정 업종 영업이 가능한지 확인해야 한다

상가 내 일부 공간은 특정 업종의 입점이 제한될 수 있다. 예를 들어, 프랜차이즈 커피숍이 이미 독점권을 가진 건물이라면, 같은 건물 내에 다른 커피 브랜드가 입점할 수 없다. 또한, 건물 운영 규정에 따라 유흥 업종이나 특정 업태가 금지될 가능성도 있다.

이를 확인하는 방법으로는 관리 규약에서 "업종 제한", "업종 배치 기준", "경쟁 업종 조정 조항" 등을 검토하는 것이 중요하다. 또한, 기존 임차인들과의 관계를 고려하여, 업종 변경이 가능한지 사전에 체크해야 한다.

업종 제한이 존재할 경우, 임차인 모집이 제한될 수 있으며, 예상보다 공실 리스크가 높아질 가능성이 있다. 따라서, 매입 전 반드시 해당 건물에서 허용되는 업종을 확인해야 한다.

영업시간 제한 및 운영 규정 - 24시간 운영이 가능한가?

상가의 운영 규정에 따라 특정 시간대에 영업이 제한될 수 있다. 예를 들어, 일부 건물은 오후 10시 이후 영업이 제한되거나, 특정 업종노래방, 유흥업소등의 입점 자체가 금지될 수 있다. 또한, 무인점포나 24시간 영업을 계획하는 경우에는, 해당 건물에서 이를 허용하는지 확인이 필요하다.

영업시간 제한이 존재할 경우, 유흥업, PC방, 편의점과 같은 업종은 매출에 직접적인 영향을 받을 수 있다. 또한, 24시간 운영이 불가능하면 월세 대비 수익성이 낮아질 가능성이 있어 높은 월세 수취를 못 할 가능성이 높아짐을 미리 고려해야 한다.

인테리어 및 시설 변경 제한 여부 - 추가 비용 발생 가능성 확인

상가 내 인테리어 공사 시 관리단의 승인 절차가 필요한 경우가 있으며, 외부 간판 설치나 전면 유리창 변경, 내부 구조 변경이 금지될 수도 있다. 특히, 일부 상가는 에어컨 실외기 설치 위치, 배기 시설, 수도 배관 공사가 제한될 가능성이 크다.

이러한 제한이 존재할 경우, 음식점이나 카페 등은 배기 시설 문제로 인해 개업이 어려울 수 있으며, 인테리어 공사 비용이 예상보다 크게 증가할 수 있다. 따라서, 상가를 매입하기 전 공사 가능 여부를 확인하고, 예상 비용을 사전에 산출하는 것이 필수적이다.

관리비 및 추가 부담금 – 예상보다 높은 유지비가 발생할 수 있다

건물 내 공용 시설 유지 보수비 및 관리비 부담 비율을 확인하는 것은 매우 중요하다. 관리비 항목에는 전기, 수도, 청소비 외에도 엘리베이터 유지비, 주차장 운영비, 공용 화장실 청소비 등이 포함될 수 있다.

만약 관리비가 과도하게 높을 경우, 임차인 부담이 증가해 높은 월세 수취를 못할 수도 있다. 특정 점포에만 관리비 부담이 집중되는 경우가 있을 수 있다. 따라서, 건물 운영 규정을 확인하고, 관리비 수준을 비교하여 투자 수익성에 미치는 영향을 고려해야 한다.

주차장 및 물류 출입 제한 사항 – 물류 차량 출입이 용이한가?

상가의 주차장 운영 방식과 사용 가능 여부를 확인해야 한다. 일부 건물은 배달 및 납품 차량의 출입이 제한될 수 있으며, 특정 시간대에만 주차가 허용되는 경우도 있다.

특히, 음식점, 카페, 마트, 미용업과 같은 업종은 물류 차량이 수시로 출입해야 하는데, 출입이 어려울 경우 운영이 제한될 가능성이 크다. 주차 공간이 부족할 경우, 고객 유입이 줄어 매출 감소로 이어질 가능성이 높으며, 임차인세입자 모집이 어려워질 수 있다.

따라서, 매입 전 반드시 해당 건물의 주차 시설 및 물류 접근성을 점검하고, 업종별 요구 사항을 충족할 수 있는지를 분석해야 한다.

전에 체크해야 리스크를 줄일 수 있다

상가 투자는 단순히 좋은 입지와 가격 조건만 고려해서는 안 된다. 업종 제한, 영업시간 제한, 인테리어 변경 가능 여부, 관리비 부담, 재임대 가능 여부, 주차 및 물류 출입 제한 등의 요소는 상가의 수익성에 직접적인 영향을 미치는 중요한 요인들이다.

이를 사전에 체크하지 않으면, 공실 발생, 예상치 못한 추가 비용, 운영상의 어려움 등이 발생할 수 있으며, 이는 투자 성과에 부정적인 영향을 줄 수 있다. 따라서, 상가 매입 전에 철저한 사전 조사를 통해 해당 건물이 투자 목적에 적합한지, 장기적인 운영이 가능한지를 면밀히 검토해야 한다.

부동산 투자에서 가장 중요한 것은 리스크를 사전에 파악하고 대비하는 것이며, 이를 위해 다양한 요소를 고려하는 것이 필수적이다.

CHAPTER 9

실제 상가 투자 사례 #3

부가 가치 전략 투자 사례 (야탑 A 상가)

특징: 리스크를 감수하고 가치를 높이는 투자,
리모델링 후 임차인 유치

09 실제 상가 투자 사례 #3
부가 가치 전략 투자 사례
(야탑 A 상가)

특징: 리스크를 감수하고 가치를 높이는 투자, 리모델링 후 임차인 유치

상가 투자는 규모와 관계없이 모든 과정에서 동일한 노력이 요구되는 특성이 있다. 일반적으로 투자 규모가 크다고 해서 반드시 더 많은 시간이 소요되는 것은 아니며, 작은 상가를 매입할 때도 입지 분석, 수익성 검토, 임차인 유치, 계약 검토 등의 절차는 동일하게 진행되어야 한다.

그동안 다양한 상가를 검토하고 투자하면서 작은 규모의 상가라도 실전 경험을 쌓는 데 있어 충분한 의미가 있다는 점을 실감하게 되었다. 실제 투자 과정에서 경험이 축적되다 보니, 점차 투자에 대한 이해도가 높아지고, 더 나은 의사 결정을 내릴 수 있는 능력이 생긴 것이다.

이러한 경험을 바탕으로, 분당 내 다른 권역에서도 추가적인 투자 기회를 모색하게 되었다. 기존의 투자 지역에서 벗어나 새로운 입지를 탐색하며 보다 넓은 시각을 갖게 된 것이 중요한 계기였다. 그렇게 해서 선택한 곳이 바로 야탑역에 위치한 송림프라자였다.

　송림프라자는 기존 투자 지역과는 다른 입지적 특성을 갖고 있었으며, 이전 투자에서 얻은 경험을 바탕으로 보다 신중하고 전략적인 접근이 가능했다.

　해당 사례를 얘기해 보고자 한다.

　송림프라자는 경기도 성남시 분당구 야탑동 매화로 50에 위치한 상업용 건물로, 야탑역을 중심으로 형성된 상권 내에서 비교적 안정적인 입지를 갖춘 건물이다.

　야탑역은 분당선이 지나가는 주요 역 중 하나로, 주거와 상업이 조화를 이루는 지역이다. 서울 및 수도권과의 접근성이 뛰어나며, 다양한 연령층이 유입되는 지역적 특성이 있다.

　본 건은 야탑역 도보 6~7분 소재, 송림프라자 5층 전체 전용 75평 복층 포함 시 약 120평, 지상 5층, 지하 2층 프라자 상가

　송림프라자는 기존 분당 내 다른 상권과 비교했을 때, 야탑역을 중심으로 형성된 상업 지구 내에서 일정 수준의 안정성을 갖춘 상가로 평가된다. 다양한 업종이 입점해 있어 상권 내 경쟁력과 공실 위험을 동시에 고려해야 하지만, 입지적 장점과 임대 수요를 바탕으로 꾸준한 수익을 기대할 수 있는 투자처라고 볼 수 있다.

야탑 A 상가 개요

과거 현황
- 예배당 1층
- 예배당 2층
- 별도 공간 옥상 연결

사진을 보면 대형 창문을 답답한 구조로 사용 중인 과거 사례를 봤을 때 통창으로 개선할 수 있는 포인트가 있다고 생각했다. 대형 창문이 있을 경우 장점은 아래와 같다.

대형 창문을 활용한 오피스 개선 가능성

대형 창문이 있는 상가는 자연 채광이 우수하고 개방감이 뛰어나, 오피스 공간으로 활용할 경우 쾌적한 업무 환경을 제공할 수 있다. 일반적으로 오피스 임차인은 단순한 면적뿐만 아니라, 채광과 조망권을 중요한 요소로 고려하기 때문에, 대형 창문을 활용한 공간은 경쟁력이 높아진다.

자연 채광 확보

창이 크면 인공 조명을 최소화할 수 있어 업무 환경이 쾌적해지고, 직원들의 생산성 향상에 긍정적인 영향을 미칠 수 있다.

조망권 가치 상승

창문이 넓을수록 외부 조망이 가능하여 프리미엄 오피스로 활용할 수 있는 가능성이 커진다.

공간 개방감 증대

벽이 아닌 대형 창이 있는 구조는 공간이 넓어 보이는 효과가 있어, 높은 임대료를 받을 수 있는 경쟁력을 갖출 수 있다.

위 사진과 같이 복층형 구조 설치를 위해 기둥이 다소 있지만 이를 전화위복으로 삼을 수 있다고 아래와 같이 생각했다.

일반적으로 기둥이 많은 구조는 시각적으로 개방감을 저해하고, 활용도를 제한하는 요소로 인식될 수 있다. 하지만, 기둥이 많다는 점이 반드시 단점이 되는 것은 아니다.

오히려 적절한 인테리어 설계를 통해 공간을 효과적으로 구획할 수 있는 기회가 될 수 있으며, 업종에 따라서는 장점으로 작용할 수도 있다.

기둥이 많을 경우, 오픈형 공간을 유지하는 데는 다소 어려움이 있지만, 이를 파티션을 활용한 공간 구획의 장점으로 전환할 수 있다. 특히, 사무실, 학원, 병원, 상담 센터, 피트니스 센터 등 개별 공간이 필요한 업종에서는 기둥이 공간을 효율적으로 나누는 역할을 하면서 오히려 인테리어 비용을 절감하는 효과를 가져올 수 있다.

과거 현황

상기 사진에서 보듯이 본 건은 주차에 있어 약간 아쉬운 점은 있었지만 해당 단점도 고려하여 매입을 검토하였고 그 배경은 아래와 같다.

부동산 투자에서 주차 공간은 임차인의 만족도와 상권 경쟁력에 중요한 영향을 미치는 요소 중 하나다. 특히, 건물 규모에 비해 주차 공간이 협소하거나, 기계식 주차로 인해 특정 차량의 출입이 제한되는 경우에는, 임차인 확보에 어려움이 있을 가능성이 높다.

본 건의 경우, 건물 자체의 주차 대수가 규모 대비 다소 부족한 편이며, 기계식 주차 시설이 SUV 차량의 출입을 허용하지 않는다는 한계가 있다. 이러한 요인은 일부 업종에서 주차 편의성을 고려하는 임차인에게 부담으로 작용할 수 있는 요소다.

그러나, 해당 지역의 특성과 주변 주차 환경을 종합적으로 고려했을 때, 이러한 단점이 임차인 유치에 미치는 영향은 제한적일 것으로 판단된다.

주차 공간의 한계를 보완하는 외부 주차 인프라

맛고을 공영 주차장이 인접해 있어, 별도의 주차 공간 확보가 가능하다.

건물 전면과 이면 도로에 주차가 용이하여, 방문객 및 임차인 차량 이용에 대한 부담이 상대적으로 적다.

특정 업종 사무실, 학원, 병원 등에서 장기 주차보다 단기 방문 차량 이용이 많을 경우, 공영 주차장 및 노상 주차가 실질적인 해결책이 될 수 있다.

임차인 유치에 미치는 영향 – 제한적이나 보완책 존재

비록 주차장이 건물 내에서 충분히 제공되지 못하는 한계가 있지만, 주변 주차 인프라가 이를 보완하는 역할을 할 수 있어, 실제 임차인 유치에는 큰 걸림돌이 되지 않을 가능성이 크다.

특히, 대중교통 접근성이 우수한 지역이거나, 방문 고객이 주차보다는 도보 및 대중교통을 이용하는 업종(미용실, 학원, 병원, 사무실 등)의 경우, 주차 공간이 다소 부족하더라도 사업 운영에 미치는 영향이 크지 않을 수 있다.

주차 공간의 한계를 고려한 투자 판단

본 건은 주차 공간이 다소 협소하고 기계식 주차의 한계가 존재하지만, 외부 주차 인프라가 충분히 활용될 수 있는 입지적 장점을 갖추고 있다.

따라서, 주차가 절대적인 요소로 작용하는 업종(대형 음식점, 물류업, 대형 병원 등)보다는, 소규모 사무실, 학원, 병원, 뷰티 업종 등 주차 의존도가 상대적으로 낮은 임차인을 대상으로 전략적으로 운영할 경우, 실질적인 임대 수익 확보에는 큰 문제가 없을 것으로 판단된다.

결과적으로, 주차 공간의 한계는 투자 고려 요소 중 하나로 인식해야 하지만, 단순한 숫자적 한계만으로 투자 적합성을 판단하는 것이 아니라, 해당 입지에서 이를 보완할 수 있는 요소들을 함께 고려하는 것이 중요하다. 본 건은 이러한 보완 요소가 충분히 작용할 수 있는 환경을 갖추고 있어, 주차 공간의 부족이 임차인 유치의 결정적인 장애물로 작용하지는 않을 것으로 예상된다.

교통 접근성

야탑역은 분당선이 지나가는 역세권으로, 강남, 판교, 성남 일대와의 접근성이 뛰어난 지역이다.

분당선 이용 시 강남까지 약 30분, 판교까지 10분 내외로 도달 가능하고 성남IC와 가까워 자동차를 이용한 광역 접근성이 우수하다.

또한, 버스 노선이 다수 운영되며, 성남 시내와 경기도 주요 지역과의 연결성이 뛰어난 장점이 있다.

배후 수요 및 상권 형성

야탑역 상권은 대규모 아파트 단지와 업무 시설이 밀집해 있어, 다양한 소비층이 공존하는 것이 특징이다.

주거 배후 수요: 야탑동 내 다수의 아파트 단지가 밀집해 있으며, 중산층 및 실거주 인구가 많음

업무 배후 수요: 야탑역 인근에는 병원, 학원, 기업 사무실 등이 밀집해 있어 점심·저녁 상권이 활발함

학생 및 교육 수요: 야탑역 주변에는 학원가가 형성되어 있으며, 학부모 및 학생 수요가 꾸준함

야탑역은 이러한 주거, 업무, 교육 수요가 조화를 이루는 상권으로, 소비층이 일정하게 유지되는 것이 강점이다.

유동 인구, 직장 인구 2등급 2등급 이상 양호, 매출액 1등급, 반경 500m 배후 수요 6,404세대 5,000세대 이상 시 양호

9. 실제 상가 투자 사례 #3 부가 가치 전략 투자 사례(야탑 A 상가)

배후 세대와 상업 시설 공급의 균형 – 투자 적합성 분석

부동산 투자에서 상업 시설의 수익성을 판단할 때 가장 중요한 요소 중 하나는 배후 세대 수와 상업 시설 공급의 균형이다. 일반적으로, 배후 세대 수가 많을수록 안정적인 소비층이 확보되며, 필지당 배후 세대 수가 일정 기준 이상이면 상업 시설의 수익성이 더욱 안정적으로 유지될 가능성이 크다.

본 건의 경우, 총 6,404세대의 배후 수요가 형성되어 있으며, 이를 16개 상업용 필지로 나누었을 때, 필지당 약 400세대의 수요가 지원되는 것으로 분석된다. 일반적으로 필지당 500세대 이상일 경우 이상적인 상업 시설 공급 구조를 갖춘 것으로 평가되지만, 본 건은 500세대 기준에는 다소 못 미치는 수치이다.

그러나, 이를 단순한 숫자로만 해석하기보다는, 지역 내 상업 시설 공급 구조와 입지적 특성을 함께 고려할 필요가 있다.

상업용 필지 규모가 작아 과잉 공급 우려가 낮음

배후 세대 수뿐만 아니라, 주변 상업용 필지의 공급 규모를 함께 검토해야 한다. 일반적으로 대규모 상업 시설이 밀집한 지역에서는 업종 간 경쟁이 심화되며, 이에 따라 상업 시설의 공실률이 증가하거나 임대료가 하락할 가능성이 존재한다.

그러나 본 건의 경우, 상업용 필지 자체가 소규모로 형성되어 있어 과도한 상업 시설 공급으로 인한 경쟁 과열 가능성이 낮다.

개별 필지의 면적이 크지 않아, 대형 상업 시설보다는 소규모 점포 위주의 임대 시장이 형성될 가능성이 크다.

특정 업종이 지나치게 집중될 가능성이 적어, 업종별 수요가 균형을 이루면서 안정적인 임대가 가능할 것으로 예상된다.

지역 내 상권 형성이 단계적으로 이루어지면서, 향후 상권이 더욱 활성화될 가능성이 있다.

이러한 요소들을 종합적으로 고려했을 때, 배후 세대 대비 상업 시설 공급이 과잉되지 않으면서도, 적정한 수요를 기반으로 한 안정적인 상권 형성이 가능할 것으로 보인다.

5급 입지 - 야탑역으로 이어지는 핵심 상권의 가치

단순한 배후 세대 수만으로 투자 적합성을 판단하는 것이 아니라, 입지적 요인이 함께 고려되어야 한다. 본 건은 야탑역으로 이어지는 주요 도로변에 위치하고 있어, 단순한 배후 수요뿐만 아니라 유동 인구까지 흡수할 수 있는 강점이 있다.

야탑역은 분당 내에서 핵심적인 교통 중심지 중 하나로, 출퇴근 인구뿐만 아니라 상업·업무 수요까지 아우를 수 있는 지역이다.

해당 입지는 야탑역으로 향하는 길목에 위치하여, 주거 지역과 역세권을 연결하는 중요한 동선에 자리 잡고 있다.

이러한 특징은 상가의 가시성을 높이고, 자연스럽게 유동 인구를 확보할 수 있는 기회를 제공한다.

즉, 본 건은 단순히 배후 세대 대비 상업 시설 공급 수요만으로 평가할 것이 아니라, 상권이 형성되는 흐름과 입지적 특성을 종합적으로 고려할 때, 유동 인구 확보가 용이한 지역적 강점을 지니고 있다.

개발 호재 분석

개발 호재와 기대감 - 부동산 가치 상승의 중요한 요소

부동산 투자는 단순히 현재의 수익성만 고려하는 것이 아니라, 미래 가치와 개발 호재를 함께 분석하는 것이 중요하다. 이는 주식 투자와 유사한 원리로, 단기적인 가격 변동보다는 향후 성장 가능성과 추가적인 상승 요인이 있는지 여부가 투자 판단의 중요한 기준이 된다.

특히, 본 건이 위치한 성남·분당 권역은 성남 도시 철도 1호선 트램 개발과 제3 판교 테크노밸리 조성 등의 대규모 개발 계획이 예정되어 있어, 장기적인 관점에서 긍정적인 영향을 미칠 가능성이 높다. 이러한 개발 계획은 당장의 수익성을 바꾸는 요인은 아닐 수 있지만, 미래 가치 상승을 위한 중요한 플러스 알파 요소로 작용할 수 있다.

성남 도시 철도 1호선 개발 – 접근성 개선과 상권 활성화 기대

성남 도시 철도 1호선트램 개발은 성남시의 교통 접근성을 획기적으로 개선하는 프로젝트로, 기존 분당선과의 연계를 강화하고, 대중교통 이용의 편리성을 높이는 역할을 할 것으로 기대된다.

트램 노선이 개통되면, 성남·분당 내 이동이 더욱 수월해지고, 지역 간 상권 연결성이 강화될 가능성이 크다.

특히, 해당 지역에 신규 교통망이 구축될 경우, 기존보다 유동 인구가 증가하면서 상권 활성화에 긍정적인 영향을 줄 수 있다.

교통 인프라 개선은 단순한 이동 편의성을 넘어, 해당 지역의 부동산 가치 상승을 유도하는 중요한 요소 중 하나다.

따라서, 성남 도시 철도 1호선 개발은 현재 임대 수익에는 직접적인 영향을 미치지 않을 수 있지만, 향후 매각 시 부동산 가치를 높일 수 있는 핵심적인 요인으로 작용할 가능성이 크다.

제3 판교 테크노밸리 개발 – 업무 수요 증가와 인접지 수혜 기대

제3 판교 테크노밸리 개발은 기존 판교 테크노밸리의 확장 개념으로, IT·첨단 산업 기업들이 추가로 유입될 예정인 대규모 산업 단지 프로젝트다.

판교는 이미 대한민국을 대표하는 IT·스타트업 클러스터로 자리 잡았으며, 제3 판교 조성이 완료되면 신규 기업과 협력 업체들의 입주가 증가할 가능성이 크다.

판교 내 업무 공간의 임대료가 이미 높은 수준에 도달해 있어, 비용 부담을 줄이려는 협력 업체들이 인접 지역인 야탑역 부근으로 사무실을 이전할 가능성이 있다.

이는 곧, 야탑역 일대의 오피스 수요 증가로 이어질 수 있으며, 상업 시설 및 임대 시장에도 긍정적인 영향을 미칠 수 있다.

즉, 제3 판교 테크노밸리의 개발은 야탑역 일대 부동산 시장에 간접적인 수혜 효과를 줄 가능성이 있으며, 향후 업무 공간 및 상업 시설의 가치 상승을 기대할 수 있는 요소 중 하나다.

미래 가치가 존재해야 매수자의 관심을 끌 수 있다

부동산 투자에서 가장 중요한 원칙 중 하나는, 미래 가치 상승의 가능성이 있는가를 분석하는 것이다.

주식 시장에서도, 단순히 현재 실적이 좋은 기업을 매수하는 것이 아니라 향후 성장할 가능성이 있는 기업을 찾는 것이 핵심 전략 중 하나다.

주식 투자에서 "재료가 남아 있다"는 표현처럼, 부동산도 매각 시점에서 미래 성장 가능성이 있어야 매수자의 관심을 끌 수 있다.

개발 계획이나 교통 호재, 상권 발전 가능성 등이 존재하면, 매수자는 해당 부동산이 추가적인 가치 상승을 기대할 수 있는 매력적인 투자처라고 인식하게 된다.

단순히 현재의 임대 수익만이 아니라, 향후 발전 가능성을 함께 고려해야 매각 시점에서 더 좋은 조건으로 거래가 성사될 가능성이 커진다.

결국, 부동산 투자자는 매입 당시부터 해당 부동산이 미래에 어떤 가치를 가질 수 있는지를 분석해야 하며, 이를 통해 장기적인 투자 전략을 수립하는 것이 중요하다.

투자 결정 배경 및 전략
- 복층 구조를 활용한 공간 효율성과 수익 극대화

송림프라자 투자 결정의 핵심 요인은 입지적 안정성과 배후 수요뿐만 아니라, 해당 물건이 보유한 복층 구조의 활용 가능성이 높다는 점이었다. 일반적인 단층 구조의 상가와 달리, 복층 공간을 갖춘 상가는 임차인의 업종에 따라 다양한 활용이 가능하며, 공간 대비 높은 임대 수익을 창출할 수 있다는 장점이 있다.

복층 구조의 장점 – 공간 활용 극대화

복층 구조를 갖춘 상가는 임차인 입장에서 공간을 보다 효율적으로 활용할 수 있으며, 이를 통해 더 높은 임대료를 받을 가능성이 커진다.

운영 공간과 보관 공간의 분리 가능

일반적인 단층 상가의 경우, 임차인은 영업 공간과 창고 공간을 별도로 마련해야 하지만, 복층 구조를 활용하면 1층은 고객 응대 공간, 2층은 사무 공간 또는 창고로 사용할 수 있어 효율성이 높아진다.

예를 들어, 카페나 미용실, 병원 등의 업종에서는 1층을 주요 영업 공간으로 사용하고, 복층을 직원 휴게실이나 추가 작업 공간으로 활용할 수 있다.

업종에 따른 맞춤형 운영 가능

피트니스 센터, 요가 스튜디오, 병원, 학원, 뷰티 숍, 사무실 등 넓은 공간을 필요로 하는 업종에서는 복층 구조를 활용하여 1층과 2층을 분리 운영할 수 있다.

예를 들어, 피부과나 한의원의 경우, 1층을 상담 공간으로 활용하고, 2층을 치료 공간으로 사용하면 프라이버시 확보 및 공간 효율성이 극대화될 수 있다.

높은 임대 수익 창출 가능성

복층 구조를 갖춘 상가는 동일한 연면적 대비 단층 구조보다 더 높은 임대료를 받을 가능성이 크다.

일반적으로 동일한 평형의 단층 상가보다 임차인의 만족도가 높아, 공실 발생 위험이 낮아진다.

임차인은 2개의 층을 효과적으로 활용할 수 있어, 추가적인 공간을 임대하는 것보다 경제적이라는 판단을 하게 된다.

따라서, 임대인이 요구할 수 있는 월 임대료 수준이 높아지며, 장기적으로 안정적인 임대 수익을 확보할 수 있다.

복층 구조의 장점을 극대화하기 위한 접근 방식

복층 상가의 장점을 극대화하기 위해, 초기 임대 전략을 수립할 때 업종별 맞춤형 활용 방안을 고려하는 것이 중요하다.

타깃 임차인 설정

일반적인 소매점보다 공간 활용도가 중요한 업종 병원, 미용실, 카페, 학원 등에 초점을 맞춰 임차인을 유치하는 전략이 필요하다.

임대 조건 조정

복층 구조를 최대한 활용할 수 있는 업종일 경우, 층별로 개별 임대를 진행하는 대신, 전체 공간을 하나의 임대 단위로 설정하여 월세를 높게 책정하는 방식이 유리할 수 있다.

임대차 계약 시 업종 제한 검토

공간 활용이 어려운 업종(예: 단순 소매업)이 입점할 경우 복층 활용도가 낮아질 수 있으므로, 임대차 계약 체결 시 업종 제한을 검토하여 적합한 임차인을 선별하는 것이 중요하다.

매도인 분석

본 건의 매도인은 1960년대생으로 연령대가 비교적 높고, 거주지가 해당 부동산과 가까운 근거리, 매도, 매입한 지 오래되어 원가가 낮아,

욕심의 3요소^{연령, 원가, 거리} 중 2가지 조건을 충족하는 상태였다.

추가로 매도인과 매입 시점 임차인과의 관계를 분석해 보니 싸게 팔 유인이 있던 부동산이었다.

매도인은 단순한 부동산 보유자가 아니라, 과거 직접 스터디 카페를 운영하다가 임차권만 양도하고, 현재는 건물의 소유권만 유지하는 상태다.

즉, 운영 경험이 있는 매도인으로서 상권과 업종에 대한 이해도가 높고, 부동산을 단순한 자산이 아니라 사업적 관점에서 바라볼 가능성이 크다.

그러나, 임차권을 양수받은 임차인의 영업 상황이 좋지 않아, 임대인^{매도인} 입장에서는 기존보다 높은 임대료를 받기가 어려운 구조가 형성되었다.

스터디 카페를 인수한 임차인이 코로나 시기와 영업력 부족 등의 이유로 매출이 부진한 상황

스터디 카페 활용 사진

임차인은 영업이 어려워지면서 권리금을 시장에 내놓았으나, 수익성이 낮아 권리금이 0원으로 평가됨

이로 인해, 양도인(매도인)과 양수인(현재) 임차인 간에 갈등이 형성되었으며, 매도인은 해당 자산을 더 이상 보유할 유인이 낮아진 상태

즉, 임대인매도인의 입장에서는 기존보다 임대료를 인상하기 어려운 구조이며, 권리금을 받지 못한 임차인이 부정적인 감정을 가지고 있어, 부동산 운영이 부담으로 작용할 가능성이 높아졌다.

매도인은 해당 자산을 2016년부터 5년 이상 보유한 상태로, 장기간 보유한 부동산을 매각하여 차익을 실현하는 것이 주된 목표일 가능성이 크다.

이미 스터디 카페 운영을 통해 권리금 차익을 실현한 상태이며, 매매차익까지 고려할 때 더 비싼 가격에 매도할 유인이 크지 않다.

매입 원가가 낮기 때문에, 현재 가격에서도 충분한 차익이 발생할 것으로 예상되며, 추가적인 가격 인상 욕구가 크지 않을 가능성이 높다.

현재 임차인의 영업 부진으로 인해, 임대료 인상 압박을 가하기 어려운 상황이라면, 매도인 입장에서는 오히려 빠르게 매각하는 것이 더 합리적인 선택이 될 수 있다.

이러한 점을 고려했을 때, 시간을 조금 더 지연시키면서 협상을 진행했다면, 매도인의 심리적 압박이 더 강해졌을 가능성이 높다.

시간이 지날수록 매도인은 현재의 공실 리스크와 임대 수익 불확실성에 대한 부담을 느낄 가능성이 크다.

임차인의 영업이 지속적으로 부진할 경우, 매도인이 추가적인 임대 공백을 우려하여 빠른 매도를 결정할 가능성이 있다.

권리금이 0원으로 평가된 상황에서는, 매도인의 기대 수익이 낮아져 협상에서 더 유리한 가격 조정이 가능했을 것으로 예상된다.

즉, 추가적인 협상 시간을 확보했다면, 매도인의 조급함을 유도하여 더 유리한 조건으로 계약을 체결할 가능성이 높았다.

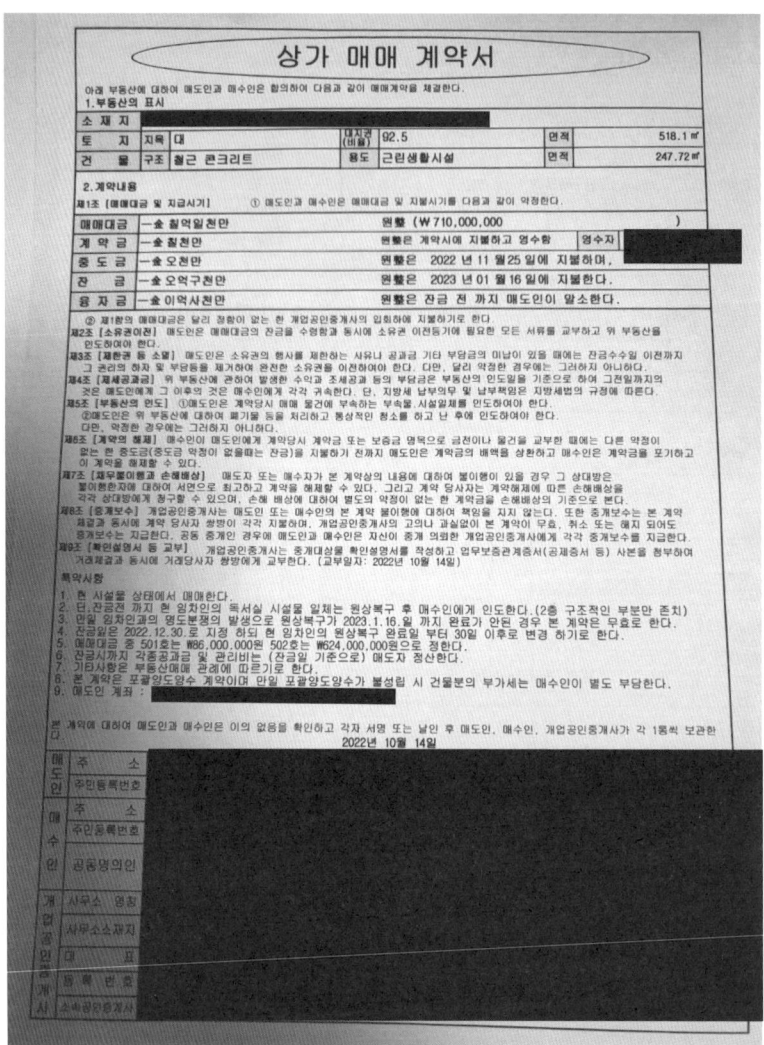

　본 건은 매수 시점 기존 매도인이 직접 스터디 카페로 사업을 영위하던 공간으로 매각과 동시에 스터디 카페를 영업하고 싶어하는 신규 임차인을 모집하여 보증금 5,000만 원, 월세 350만 원으로 계약하였다.

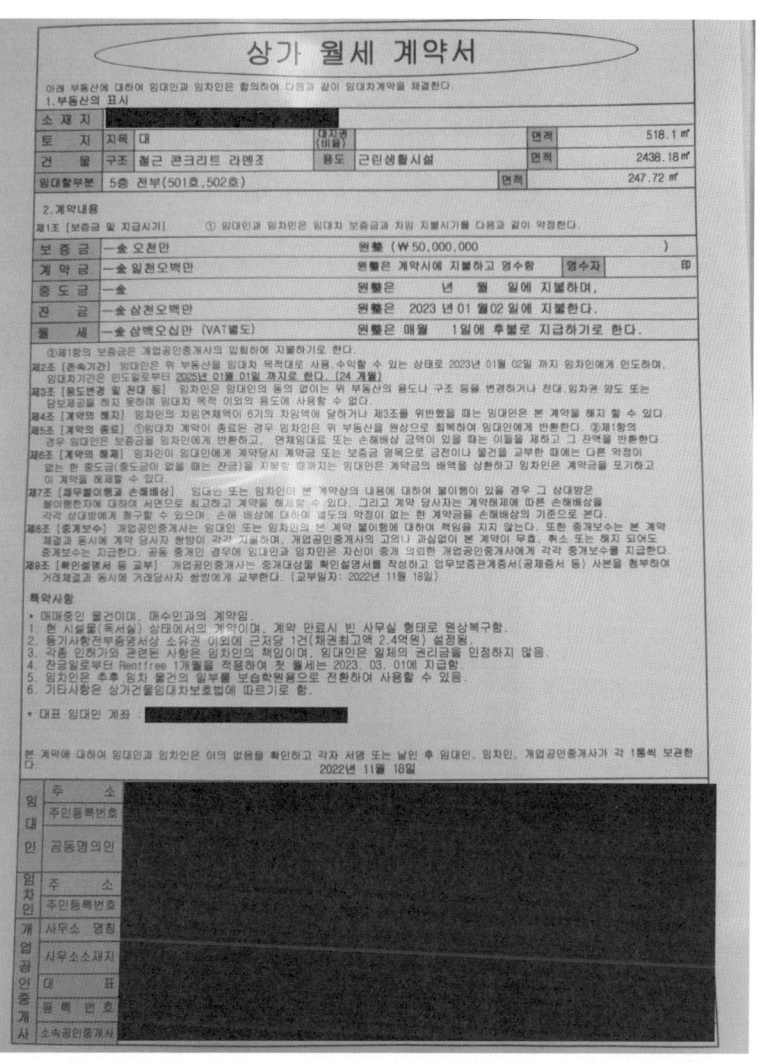

이 임대차 계약은 다소 아쉬운 점이 있었는데 이는 다음 사유와 같다.

본 건의 경우, 신규 임차인은 매수자인 우리가 직접 유치한 것이 아니라, 매도인과 친분이 있던 중개사를 통해 계약이 이루어졌다. 이는 계약 과정에서 매도인의 의도가 반영될 가능성이 크며, 임차인의 적정성에 대한 객관적인 검토가 부족했을 위험이 있는 상황이었다.

매도인은 임차인과의 관계에서 개인적인 채무 관계가 있었으며, 이를 해결하기 위해 임차인이 부담해야 할 원상회복 의무를 대신 수행해주기로 약정한 상황이었다. 즉, 매도인이 임차인의 영업력이나 신용도를 객관적으로 평가하기보다, 자신의 채무 해소를 우선적으로 고려했을 가능성이 높다.

이러한 배경 속에서, 매도인은 기존 시설을 그대로 활용할 수 있는 임차인과 임대차 계약을 체결해야만 자신의 의무를 해소할 수 있는 입장이었으며, 이에 따라 투자자인 우리가 수용하지 말아야 할 계약을 받아들이게 된 셈이었다.

결과적으로, 투자자의 입장에서는 임차인 선정을 더욱 신중하게 검토하고, 매도인의 이해관계와 계약 조건을 면밀히 분석했어야 했다.

신규 임차인은 계약 후 약 8개월 동안 임대료를 납부했으나, 이후 영업력 부족과 스터디 카페 업종의 공급 과잉으로 인해 타격을 입고 폐업했다.

이는 몇 가지 중요한 시사점을 남긴다.

임차인의 신용도 및 영업 계획 검토 부족

계약 당시, 임차인의 사업 운영 능력과 재무 상황을 보다 면밀하게 검토했어야 했다.

단순히 계약 체결이 중요한 것이 아니라, 장기적으로 임차인이 안정적으로 사업을 운영할 수 있는지에 대한 인터뷰 및 재무 검토가 필요했다.

특히, 신규 창업자의 경우, 이전 업력과 운영 경험을 확인하고, 자금 운용 계획까지 점검했어야 했다.

시장 트렌드 분석 부족 – 스터디 카페 공급 과잉 문제

계약 당시, 스터디 카페 업종이 유행하면서 과잉 공급이 이루어진 상황이었으며, 경쟁이 심화되면서 기존 사업자들의 수익성이 저하되고 있는 추세였다.

단순히 개별 사업자의 역량뿐만 아니라, 해당 업종이 속한 시장의 성장 가능성과 경쟁 강도를 분석했어야 했다.

공급 과잉이 이루어진 업종에서는, 임차인의 경쟁력이 충분한지, 해당 지역 내 지속적인 수요가 확보될 수 있는지를 사전에 면밀히 검토할 필요가 있다.

해당 임차인은 아래와 같은 시설을 그대로 인수하여 영업 활동을 하였다.

해당 임차인의 영업이 어려워지면서 파산을 하게되어 원상 복구 의무를 수행할 자금력이 부족한 상태였으며, 이에 따라 아래와 같이 처리하기로 하였다.

보증금을 활용한 원상 복구 비용 충당

임차인의 파산으로 인해 임대인은 계약상 보증금을 통해 비용을 정산해야 했으며, 잔여 보증금은 다음과 같은 순서로 활용되었다.

1차 차감: 연체된 임대료 및 미납 관리비 공제

2차 차감: 계약 종료 후 원상 복구 비용 충당

3차 사용: 철거비 및 추가 발생 비용 지급

이 과정에서, 보증금이 임차인의 연체금과 원상 복구 비용을 모두 감당하기에는 부족할 가능성이 높아, 추가적인 이자 비용까지 고려해야 하는 상황이 발생했다.

매수인(우리)의 부담 - 잔여 보증금 활용 및 추가 비용 발생

임차인이 자력으로 원상 복구 의무를 이행할 수 없는 상태였기 때문에, 매수인우리은 기존 보증금에서 남은 금액을 활용하여 철거 및 원상 복구를 진행해야 하는 상황이 되었다.

기존 보증금에서 연체 임대료와 관리비가 우선적으로 차감되었기 때문에, 실제 원상 복구에 사용할 수 있는 금액은 제한적이었다.

철거 작업 및 추가 비용을 감당하기 위해 이자 비용까지 고려해야 했으며, 추가적인 자금 부담이 발생할 수밖에 없는 구조였다.

결과적으로, 매수인 입장에서는 임차인의 파산으로 인해 직접적인 비용 부담이 늘어났으며, 이는 예상하지 못했던 리스크 요인으로 작용했지만 우선 재임차를 위해 공사 비용을 집행했다.

원상 복구 후

최초 매입 전 구상했던 바와 같이 사무실 또는 학원 임차인 유치를 위해 인테리어 공사를 대대적으로 진행하기로 했다.

부동산 임대 시장에서 단순히 공실을 내놓고 기다린다고 해서 자연스럽게 임차인이 들어오는 것은 아니다. 특히, 최상의 입지가 아닌 경우, 임차인의 관심을 끌기 위해서는 기본적인 인테리어 투자가 필수적이다.

기초 인테리어 투자의 필요성
- 공실을 방치하면 임차인 유치가 어려워진다

임차인은 입주를 고려할 때 단순히 입지 조건만을 보는 것이 아니라, 해당 공간이 사업을 운영하기 적합한지, 추가적인 비용 부담 없이 영업을 시작할 수 있는지를 함께 고려한다.

임대 공간이 방치된 상태라면, 임차인은 별도의 공사 비용을 부담해야 하는 부담이 커지며, 이는 입점 결정을 지연시키거나 포기하게 만드는 요인이 된다.

공실이 장기간 유지될 경우, 상권 내 경쟁 매물이 더 나은 조건을 제공하면 임차인은 더욱 해당 공간을 기피하게 된다.

기본적인 인테리어가 갖춰진 공간은 임차인이 즉시 영업을 시작할 수 있어 선호도가 높아지며, 임대 계약 성사 확률이 높아진다.

미금 지하 1층 사례에서도, 방치된 상태에서 임차인을 찾는 것은 거의 불가능에 가까웠으며, 결국 공실을 해소하기 위해 인테리어 투자가 필요했다.

본층 공사중

복층 공사중

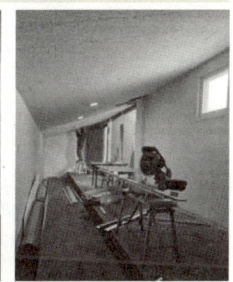

최상의 입지가 아닌 이상, 임차인이 직접 공사비를 부담하는 경우는 드물다.

일반적으로, 매우 우수한 입지에 위치한 상업 시설의 경우, 임차인이 직접 비용을 부담하고 인테리어 공사를 진행하는 사례가 있을 수 있다.

그러나, 이는 매우 예외적인 경우이며, 일반적인 부동산 시장에서는 기대하기 어려운 상황이다.

상권 내 절대적인 핵심 입지유동 인구가 풍부하고 임차 경쟁이 심한 지역에서는 일부 임차인이 직접 비용을 들여 공간을 개선하기도 한다.

하지만, 대부분의 상업 시설에서는 임차인이 초기 비용을 최소화하고자 하며, 기본적인 인테리어조차 없는 공간에 입점하려는 사례는 거의 없다.

임차인의 부담을 줄여 주지 않으면, 공실이 장기화될 가능성이 커지며, 결국 임대인의 손실로 이어질 수밖에 없다.

결국, 최상의 입지가 아닌 이상, 임차인이 스스로 비용을 들여 인테리어 공사를 해 주기를 바라는 것은 현실적이지 않은 기대라고 볼 수 있다.

해당 공사는 2개월 정도 소요됐으며 아래와 같이 완성되었고 임대차 유치를 위해 수행했던 핵심 포인트는 다음과 같다.

임대 유치를 위한 전략적 접근
- 중개 네트워크 활용 및 화장실 개선의 중요성

부동산 임대 시장에서 효율적인 임차인 유치는 단순한 공실 광고만으로 해결되지 않는다. 특히, 전략적인 중개 네트워크 활용과 임차인의 선호도를 고려한 시설 개선이 함께 이루어져야 한다. 본 건에서도 임대 활성화를 위한 체계적인 접근 방식이 필요했으며, 중개인 네트워크 구축 및 공용 시설 개선이 핵심적인 요소로 작용했다.

임대 안내문 배포 - 중개 네트워크를 활용한 효과적인 홍보

공실이 발생한 경우, 단순히 임대 공고를 내는 것만으로는 빠르게 임차인을 유치하기 어렵다. 이에 따라, 본 건에서는 2페이지 분량의 임대 안내문을 제작하여, 본 건 매입을 담당했던 중개사를 포함해 전문성이 높은 중개인 3곳에 배포하는 전략을 활용했다.

중개인 네트워크를 활용하면, 단순히 온라인 광고보다 더 신뢰도 높은 정보를 바탕으로 임차인을 유치할 수 있다.

해당 지역에서 오랜 기간 활동하며 네트워크를 형성한 전문 중개인을 활용하면, 신뢰할 수 있는 임차인과의 계약 성사 가능성이 높아진다.

매입을 담당했던 중개사는 이미 본 건의 특성을 잘 이해하고 있어, 신규 임차인을 보다 효과적으로 안내할 수 있는 장점이 있다.

따라서, 단순한 임대 광고가 아니라 신뢰할 수 있는 중개 네트워크를 활용하여 적극적인 홍보를 진행하는 것이 빠른 공실 해소를 위한 효과적인 전략이 될 수 있다.

화장실 인테리어의 중요성 – 임차인이 가장 민감하게 여기는 부분

임차인을 유치하는 과정에서, 공간의 전반적인 상태뿐만 아니라 공용 시설, 특히 화장실 상태가 중요한 요소로 작용한다.

화장실은 모든 임차인이 사용하는 공간이며, 위생과 청결 상태가 직접적인 만족도로 이어지기 때문에, 임차인 유치에서 매우 중요한 요소로 평가된다.

비용 절감을 이유로 화장실 개선을 소홀히 하면, 임차인 모집이 어려워질 수 있으며, 장기적으로 공실이 지속될 가능성이 높아진다.

특히, 공용 화장실이 있는 경우라도 인테리어 개선에 적극적으로 투자하는 것이 필요하다.

본 건에서도, 임차인의 선호도를 고려하여 화장실 인테리어 공사 비용을 아끼지 않고 책정하는 것이 필수적이었다.

배관 교체 및 관리단 협의 – 장기적인 비용 절감 전략

화장실 인테리어 공사와 함께, 노후된 배관이 공용 부분으로 포함됨에도 불구하고 이를 교체하는 것이 필요했다.

배관 교체는 장기적으로 시설 유지 보수 비용을 절감할 수 있으며, 임차인의 만족도를 높이는 요소로 작용한다.

공용 시설이지만, 실질적으로 시설 개선이 필요한 경우에는 선제적으로 대응하여, 향후 발생할 수 있는 문제를 예방하는 것이 중요하다.

특히, 본 건에서는 사전에 관리단과 협의하여, 향후 해당 배관 교체 부분에 대한 추가 비용 부과가 없도록 협의하는 과정이 필요했다.

시간이 급박하고, 확실한 임차인 유치가 이루어질 수 있으며, 비용이 상대적으로 적게 들어간다면, 환급이 불가능하더라도 과감하게 투자할 필요가 있다.

이러한 선제적인 조치는 장기적으로 부동산의 가치를 높이고, 안정적인 임대 운영을 가능하게 만든다.

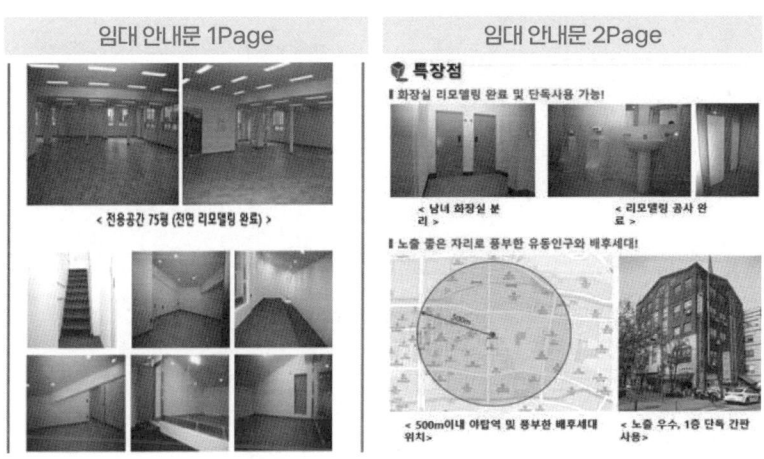

임대차 계약 성사 및 기대 수익률 분석

준공과 동시에 위 임대 안내문을 배포한 후 본 건은 2주 내 임대차 계약이 체결되었으며, 빠른 임대 성사를 통해 공실 리스크를 최소화할 수 있었다.

이번 계약은 사무실 용도로 활용될 예정인 임차인과 체결되었으며, 임대 조건에 대한 세부 사항은 비밀 유지 조항이 포함되어 있어 공개가 어려운 상황이나, 기존 임대 안내문에 명시된 조건과 유사한 수준에서 계약이 성사되었다.

빠른 임대차 계약 체결은 공실이 발생할 경우 수익성이 즉각적으로 저하될 위험을 고려했을 때, 안정적인 임대 수익을 확보하는 데 긍정적인 요소로 작용했다.

기대 수익률 분석 – 수익률 10% 이상 달성

본 건은 안정적인 임대료를 확보함으로써 10% 이상의 기대 수익률을 기록할 것으로 예상된다.

임대 수익: 월세 약 400만 원 중후반으로 설정

대출 이자: 142만 원(대출 이자율 4.4%) 공제

매입 및 투자 비용 구성

매입가: 7.1억 원

인테리어비: 추가 투자금 포함

보증금 차감

대출금 3.88억 원

위의 수익 구조를 고려했을 때, 임대 수익 대비 금융 비용을 감안하더라도 10% 이상의 수익률을 달성할 수 있는 구조를 확보하였다.

임대 성사의 주요 요인 – 빠른 계약 체결을 위한 전략적 접근

본 건이 준공 후 단기간 내에 임대 계약이 성사될 수 있었던 요인은 다음과 같이 분석할 수 있다.

사전 임차인 유치 전략

준공 이전부터 사무실 활용을 고려하는 임차인과의 접촉을 진행하여, 빠르게 계약을 체결할 수 있도록 준비함.

해당 임차인과 계약 전 비밀 유지 조항을 포함한 협의를 진행하여, 안정적인 조건에서 계약을 성사시킴.

합리적인 임대 조건 설정

기존 임대 안내문을 기준으로 시장 내 경쟁력 있는 임대 조건을 제시하여 빠른 계약 성사를 유도함.

투자 대비 수익성 확보

대출 이자율이 4.4%로 유지되는 상황에서 임대료 수익이 이를 충분히 상회하는 구조를 형성하여, 안정적인 현금 흐름을 창출할 수 있도록 함.

결론 – 안정적인 임대 수익과 빠른 투자금 회수 가능성

본 건은 준공 후 2주 내 임대차 계약을 체결하며, 빠른 공실 해소와 안정적인 임대 수익을 확보하는 데 성공했다.

임대 계약을 사전 조율하여 공실 리스크를 줄이고, 매입 후 빠른 수익 창출을 가능하게 함.

대출 이자 대비 월세 수익이 충분히 확보되는 구조로, 안정적인 현금 흐름을 유지할 수 있는 조건을 형성함.

임대 조건이 시장 내 경쟁력 있는 수준에서 형성되어, 장기적인 관점에서도 안정적인 임대 운영이 가능할 것으로 예상됨.

결과적으로, 본 건은 공실 리스크를 최소화하면서도 높은 수익률을 유지하는 전략적 투자의 성공 사례로 평가될 수 있으며, 빠른 투자금 회수와 안정적인 임대 운영이 가능한 구조를 확보한 것이 핵심적인 성과로 볼 수 있다.

임대 조건 설정 시 아래와 같은 사항을 유의하자

부동산 임대 시장에서 효과적인 임대 조건을 설정하기 위해서는 경쟁 매물과의 비교 분석이 필수적이다.

단순히 예상 임대료를 설정하는 것이 아니라, 현재 시장에서 경쟁하고 있는 유사 매물들과 비교하여, 해당 부동산이 갖고 있는 강점과 약점을 객관적으로 평가하는 과정이 필요하다.

이를 위해 네이버 부동산 등의 온라인 플랫폼을 활용하여 임대 매물을 조사하고, 실제 임장을 통해 시장 상황을 직접 확인하는 것이 필수적이다.

온라인 시장 조사 - 네이버 부동산을 활용한 1차 손품 조사

임대 매물의 적정 가격을 설정하기 위해서는 온라인 부동산 플랫폼을 활용하여 경쟁 매물의 임대 조건을 조사하는 것이 기본적인 과정이다.

네이버 부동산 등 주요 플랫폼에서 현재 시장에 나와 있는 유사한 임대 매물들을 조사하여, 평균적인 임대료 수준을 파악한다.

면적, 층수, 시설 수준, 입지 등을 고려하여 직접 비교할 수 있도록 데이터를 정리한다.

특히, 공실이 오래 지속되고 있는 매물과 빠르게 임차가 이루어진 매물을 구분하여, 시장 내 수요가 높은 조건이 무엇인지 파악한다.

이러한 손품 조사를 통해 기본적인 임대료 기준을 설정할 수 있으며,

시장에서 경쟁력을 갖춘 임대 조건을 구성하는 데 도움이 된다.

임장 조사 - 실제 경쟁 매물과의 비교 분석

온라인 조사만으로는 부동산의 실제 상태나 입지적 요소를 충분히 반영할 수 없기 때문에, 반드시 현장을 방문하여 직접 확인하는 과정이 필요하다.

경쟁 매물이 위치한 건물을 방문하여, 건물 관리 상태, 공용 공간, 접근성 등을 직접 비교 분석한다.

실제 공실이 어느 정도 지속되었는지, 현재 임대 문의가 활발한지 등을 주변 중개업소를 통해 확인한다.

본 건과 비교하여 경쟁 매물의 장점과 단점을 객관적으로 분석하고, 이를 반영하여 임대 조건을 조정한다.

특히, 임장 조사를 통해 온라인 조사에서는 확인할 수 없는 차별화 요소를 발견할 수 있으며, 이를 적극적으로 활용하여 임대 마케팅 전략을 수립하는 것이 중요하다.

결론 - 경쟁력 있는 임대 조건 설정을 위한 필수 과정

본 건의 임대 조건을 설정할 때는 경쟁 매물들과의 비교 분석을 기반으로 적정한 가격을 책정하는 것이 필수적이다.

온라인 조사손품 조사를 통해 시장 내 유사 매물의 임대료 수준을 확인

한다.

임장을 통해 경쟁 매물의 실제 상태와 시장 내 경쟁력을 평가하고, 본 건이 갖고 있는 강점과 차별화 요소를 분석한다.

이러한 데이터를 바탕으로 시장에서 경쟁력을 가질 수 있는 현실적인 임대 조건을 설정하여, 공실을 최소화하고 빠른 임대 계약을 성사시킨다.

결국, 경쟁 매물에 대한 철저한 분석과 현장 조사를 바탕으로 최적의 임대 조건을 구성하는 것이, 안정적인 임대 수익을 확보하는 가장 중요한 전략 중 하나라 할 수 있다.

네이버 부동산 시세 조사 시 본 건과 유사한 부동산의 경우 전용 면적 평당 5만 원 수준으로 호가와 계약 등이 진행된 것을 확인할 수 있다.

이에 따라, 보수적으로 본 건은 공용 면적을 전체 사용할 수 있어 해당 면적 포함 시 실제 임차인 사용 전용 면적은 약 141평 수준으로 전용 면적 평당 5~13만 원 사이로 계약 시 705만 원~1,833만 원이지만 이는 컨디션이 양호한 오피스 전용 빌딩ex. 서현빌딩 등으로 적정한 감가가 필요하다.

따라서, 최종적으로 보증금 1억 원, 임대료 420만 원 수준으로 가격을 책정했고 임차인 인센티브로는 임차인 주차 공간 요청 시 인근 맛고을 공영 주차장 주차비 지원, 뒤 필지 카센터 주차 자리 대여 후 제공, 렌트 프리 제공을 병행하면 좋을 것으로 판단된다.

임대 시세 조사 표

야탑 지역의 경우 전용 면적 평당 임대료는 4~11만원 수준.
역세권, 코너, 조망(탄천)이 나올수록 비싸고 역과 멀어질수록 내측일수록 저렴해짐
경쟁 물건들의 장단점을 직접 발로 뛰며 비교해 보고 임대 가격 책정 필요

기타 참고 사항으로

인테리어 공사와 연계한 공용 공사를 자비로 부담한 것에 대한 보상 요구 및 주차장 대수 우선 확보 건의→ 관리 사무소가 필요한 상황으로 매수 검토 상가가 부당하게 주차 대수를 배정받지 못할 경우 관리소 건의로 자신의 권리를 찾는 과정이 필요하다.

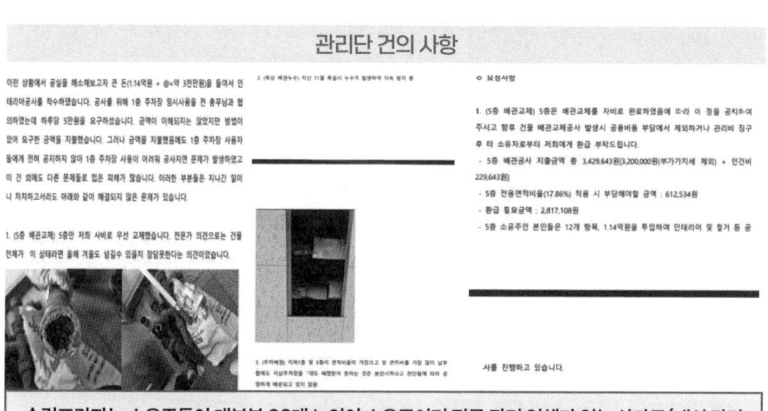

상기 사진은 공용 부분 배관 공사에 따른 비용 부담 및 주차 관련 사항에 대해 관리단에 문제를 제기하고 있는 상황이다.

부동산을 투자하고 운영할 때, 건물의 관리 구조와 유지 보수 체계는 투자 수익성과 직결되는 중요한 요소다. 송림프라자의 경우, 소유주 대부분이 60대 이상 고령층으로 구성되어 있으며, 전문적인 관리 업체 없이 운영되고 있는 상가이다.

이러한 구조로 인해 관리비가 매우 저렴하다는 장점이 있으나, 동시에 시설 유지 보수에 대한 투자 의지가 부족하여 건물 노후화가 가속될 가능성이 높다.

특히, 장기 수선 충당금 집행이 원활하지 않아, 건물 내 전 층에 걸쳐 배관 교체가 시급한 상황임에도 불구하고 이를 적극적으로 진행하지 않고 있다.

이에 따라, 개별 소유주가 자체적으로 배관 교체 비용을 부담해야 하는 상황이 발생하고 있으며, 이는 향후 추가적인 재정 부담으로 이어질 가능성이 크다.

배관 교체 비용 부담에 대한 사전 조치

본 건에서는 5층 배관 교체 공사를 진행하면서, 타 공용 층에서도 동일한 배관 문제가 발생할 가능성이 크다는 점을 고려하였다. 이에 따라, 향후 타 층에서 추가적인 배관 교체 공사가 진행될 경우, 5층 소유주에게 별도의 비용을 청구하지 않도록 사전에 조치를 취하는 것이 필요하다.

배관 교체를 선제적으로 진행하였으나, 이는 건물 전체적인 유지 보수를 위한 조치였으며, 개별 소유주에게만 추가 부담이 발생하는 것은 불합리하다.

향후 타 층에서도 동일한 배관 교체가 이루어질 경우, 선제적으로 비용을 부담한 5층 소유주에게 별도 비용을 청구하지 않도록 하는 취지의 내용을 발송하여 관리단과의 합의를 도출하는 것이 필요하다.

건물 전체의 관리 체계 개선이 이루어지지 않는 한, 개별적인 비용 부담이 반복될 가능성이 높으므로, 장기적으로는 소유주 협의를 통해 장기 수선 충당금 집행이 원활하게 이루어지도록 유도해야 한다.

주차 기준 개선 요청 – 비효율적인 주차 운영 방식 해결 필요

송림프라자의 또 다른 운영상 문제는 주차 공간이 부족함에도 불구하고, 객관적인 기준 없이 선착순 방식으로 운영되고 있다는 점이다.

일반적으로 주차 공간이 제한된 건물에서는 면적 기준에 따라 주차 대수를 배분하는 것이 합리적이다.

그러나, 현재 송림프라자는 별다른 기준 없이 선착순 방식으로 운영되고 있어, 특정 소유주에게 불리한 구조가 형성될 가능성이 크다.

이는 공정성과 효율성 측면에서 개선이 필요하며, 공정한 기준을 적용하도록 관리단과 협의를 진행해야 한다.

이에 따라, 주차 기준이 부당하다는 점을 공식적으로 어필하고, 면적 대비 주차 대수를 배분하는 방식으로 개선할 것을 요청하는 것이 필요하다.

현재 주먹구구식으로 운영되는 주차 공간 배분 방식을 개선하여, 공정하고 합리적인 주차 기준을 마련할 것을 요구한다.

소유 면적 대비 주차 대수를 배정하는 방식이 보다 합리적이며, 이를 기반으로 주차권을 배분하도록 개선할 필요가 있다.

주차 공간이 부족한 상황을 고려하여, 추가적인 공간 확보 방안도 함께 논의할 수 있도록 관리단과의 협의를 추진한다.

결론 – 건물 관리 체계 개선을 위한 적극적인 대응 필요

송림프라자는 현재 전문 관리 업체 없이 운영되면서 유지 보수 및 운영 관리가 체계적으로 이루어지지 않고 있으며, 이는 장기적으로 건물의 가치 하락을 초래할 가능성이 크다.

장기 수선 충당금 집행이 원활하지 않아, 필수적인 유지 보수 공사가 지연되고 있으며, 개별 소유주가 비용을 부담해야 하는 상황이 발생하고 있다.

배관 교체 등 필수적인 시설 보수를 선제적으로 진행한 경우, 향후 추가 공사 시 기존 부담 소유주에게 중복 비용이 청구되지 않도록 사전에 조치를 취해야 한다.

주차 공간 배분이 공정하지 않은 방식으로 운영되고 있어, 면적 기준에 따른 주차 대수 배분 방식으로 개선할 것을 요구해야 한다.

관리단 건의 사항

2. (옥상 배관누수) 방지를 위한 옥상 배관교체 비용은 약 300만원(vat별도)소요 될 것으로 예상되며, 인테리어 공사가 완료되는 12.31일 전까지는 배관교체 작업을 완료해주시기를 요청드립니다.

3. (주차배정) 현재 주차장 배정 현황을 상가소유주들에게 공무부탁드리고, 면적비율 등 적정하게 주차대수가 배정될 수 있도록 조정을 요청드립니다.
- 현재 주차 배정기준 명확한 설명 필요
- 주차 배정기준이 구분소유자 전용면적 비율 배정이 방법이라고 한다면 비용 및 의결권은 면적비로 의무부담하는데 주차 기준은 상이한 이유(저하1층과 지상5층 소유주의 보유면적이 가장 커 제일 많은 권리를 누려야함에도 저희 5층은 이미 주차장을 다른사람이 선점했다는 납득하지 못하는 사유로 배정받지 못해 임대 자 유치에 매우 어려움을 겪어 1년 넘게 공실발생...합리적인 기준 시급히 마련 부탁드립니다.
- 만약 해당사항이 안될 경우 도보2분 이내 유료 주차장 사용비용을 관리비로 지원해 주시길 바랍니다.(ex. 핏고 주차장)
- 또한, 전용면적 비율대로 주차대수를 배정받는 시스템이 아니었다면 실제 주차장을 사용하는 소유주, 임차인들이 전적 주차장 관련에 시설에 대한 비용 부담을 해야여 할 것인데
→ 주차장 권리를 누리지 못하는 소유자 및 임차인들이 지금까지 관리비를 부담한 것이   아닌지   우려스럽습니다.

5층은 탑층으로 옥상 누수 시 바로 피해가 발생하는 층으로 관리단에서 누수가 발생하는 것을 방치하여 피해 발생하여 누수 개선해 줄 것을 요청함

송림프라자 총 주차 대수 대비 5층의 면적 비율대로 배정할 경우 Car lift는 1.97대, 지상 주차장은 0.54대인데 현재 1대도 배정받지 못한 상황으로 개선 요구

옥상 누수 피해 및 주차 공간 배정 문제 – 개선 요청 필요

부동산을 소유하고 운영하는 과정에서, 건물 관리의 미흡으로 인해 직접적인 피해를 입을 수 있으며, 이는 소유주의 재산 가치를 저하시키는 요인으로 작용할 수 있다. 본 건에서는 옥상 누수로 인해 5층에서 직접적인 피해가 발생하고 있으며, 주차 공간 배정 문제 역시 공정하지 않게 운영되고 있어 이에 대한 개선 요청이 필요하다.

옥상 누수 문제 – 5층은 직접적인 피해를 입는 위치

5층은 건물의 최상층^{탑층}에 위치하고 있어, 옥상에서 발생하는 누수 문제가 곧바로 피해로 이어질 수밖에 없는 구조다. 그러나, 관리단이 해당 누수 문제를 방치하면서, 실제 피해가 발생하는 상황까지 이어졌으

며, 이에 대한 즉각적인 개선이 필요하다.

옥상 방수 문제는 최상층에서 가장 먼저 피해가 발생하므로, 선제적인 유지 보수가 필수적이다.

관리단이 누수 문제를 방치할 경우, 시간이 지날수록 피해 범위가 확산되며, 이는 단순한 누수 문제를 넘어 건물의 구조적 손상으로 이어질 가능성이 크다.

피해가 반복될 경우, 5층 소유주의 임대 수익성에도 악영향을 미칠 수 있으며, 임차인의 만족도가 저하될 가능성이 높아진다.

이에 따라, 관리단에 공식적으로 누수 개선을 요청하고, 조속한 방수 공사를 진행할 것을 요구해야 한다. 만약 지속적으로 방치될 경우, 법적 대응을 검토하거나 유지 보수 비용에 대한 관리단의 책임을 명확히 할 필요가 있다.

주차 공간 배정 문제 – 면적 대비 불공정한 배정 방식

송림프라자의 주차 공간 배정은 총 주차 대수 대비 면적 비율에 따라 배정되는 것이 가장 공정한 방식이다. 그러나, 현재 5층 소유주에게는 실질적으로 주차 공간이 배정되지 않은 상태로, 이는 형평성에 맞지 않는 운영 방식이라 할 수 있다.

면적 비율대로 배정할 경우, 5층 소유주에게는 Car Lift 주차 1.97대, 지상 주차 0.54대의 배정이 이루어져야 한다.

그러나, 현재는 5층 소유주에게 주차 공간이 1대도 배정되지 않은 상황이며, 이는 공정한 배분 원칙에 어긋난다.

주차 공간은 건물 내 이동성과 임차인의 편의성에 직접적인 영향을 미치므로, 공정한 기준에 따른 배정이 이루어져야 한다.

이에 따라, 관리단에 공식적으로 주차 공간 배정 방식의 개선을 요청하고, 면적 비율에 따라 주차 대수를 배정할 것을 강력하게 요구할 필요가 있다.

결론 – 관리 체계 개선을 통한 공정한 운영 요구

현재 5층 소유주는 옥상 누수로 인한 직접적인 피해를 입고 있으며, 주차 공간 배정에서도 불공정한 상황에 처해 있다.

옥상 누수 문제는 즉각적인 해결이 필요하며, 관리단이 유지 보수를 방치할 경우 법적 대응을 포함한 강경한 조치를 고려해야 한다.

주차 공간 배정은 면적 비율에 따라 공정하게 이루어져야 하며, 현행 운영 방식이 불합리함을 공식적으로 문제 제기해야 한다.

관리단과의 협의를 통해, 공정한 방식으로 운영이 개선될 수 있도록 지속적인 요구가 필요하다.

결과적으로, 해당 문제들은 단순한 불편을 넘어서, 소유주의 자산 가치를 보호하고 임대 경쟁력을 유지하기 위해 반드시 해결해야 할 과제이며, 이를 위한 적극적인 대응이 요구된다.

관리단 건의 사항

옥상 전경

- 지상2대, 카리프트 1대를 5층 사용자의 전용 사용부분으로 배정 요청

4. (옥상 방수 및 환경개선)
- 저희는 본 부동산 매입 후 옥상 방수가 되지 않은 것을 보고 옥상 누수 시 직접적으로 피해를 보는 층은 5층이므로 옥상 방수 및 무거운 철 구조물, 각종 쓰레기 등 공용공간 환경 개선 필요
- 태민철거 의견으로 옥상 철 구조물, 쓰레기 등으로 인한 크랙발생 및 적절한 시기에 방수공사를 하지 않아 누수가 발생하여 5층 소유주들이 피해를 보고 있는 상황
- 하중 많은 기계는 분해 및 방수공사 후 내려야함(12월 말일 공사 완료 예정인데 이전 조치 필요)

5. 기타제안
현재 정식으로 상가관리단 및 상가관리규약이 수립되지 않아 장기수선충당금 등 적립에 어려움에 따라 건물 슬럼화에 대한 대책이 전무한 상황입니다. 현재로써는 주차비 인상(ex.1층 월주차 5만->10만)을 통해 이익잉여금을 확충하여 향후 수선(배관교체, 옥상방수 등)을 위한 예비비를 미리미리 확보해 두어야 한다고 생각합니다. **특히 1층 출입구 바닥보수 및 벽체 페인트, 그리고 주출입구 나무판자 제거 및 계단 설치 정도만 우선보수** 한다해도 건물가치 향상에 큰 효과를 볼 수 있을것으로 판단되니 고려해 주시면 감사하겠습니다.

공용 공간 유지 관리 개선 요청
- 옥상 정비 및 출입구 미관 개선 필요성

부동산의 가치는 단순한 내부 시설뿐만 아니라, 공용 공간의 관리 상태에 따라서도 크게 좌우된다. 특히, 상업용 건물의 경우, 공용 공간의 청결 및 미관 유지가 임차인 유치와 건물의 이미지 형성에 결정적인 영향을 미칠 수 있다.

현재 송림프라자의 경우, 옥상 공용 공간에 대한 관리가 제대로 이루어지지 않고 있으며, 1층 출입구의 미관이 개선되지 않아 건물 전체의 이미지가 저하되는 문제가 발생하고 있다. 이에 대해 관리 사무소 측에 개선 요청을 진행하고, 적극적인 조치를 요구할 필요가 있다.

옥상 공용 공간 방치 문제 - 관리 사무소의 적극적인 정비 필요

옥상은 건물의 공용 공간으로서, 청결 유지 및 정기적인 정비가 필수적이다. 그러나, 현재 관리 사무소에서는 옥상 관리를 소홀히 하고 있으며, 이에 따라 불필요한 적치물이 방치되거나 미관을 저해하는 요소들이 그대로 유지되고 있는 상황이다.

공용 공간인 옥상이 방치될 경우, 건물 전체의 관리 상태가 좋지 않다는 인식을 줄 수 있어 임차인 유치에 부정적인 영향을 미칠 수 있다.

옥상 공간을 활용하는 경우 설비 점검, 유지 보수 등에도 불편함이 발생할 수 있으며, 장기적으로 건물의 유지 관리 비용이 증가하는 원인이 될 수 있다.

특히, 최상층 탑층 거주 및 사용자의 경우, 옥상 관리 미흡으로 인한 직접적인 피해 누수 등를 입을 가능성이 높다.

이에 따라, 옥상 정비 및 불필요한 적치물 제거를 관리 사무소에 공식적으로 요청하고, 정기적인 유지 보수가 이루어질 수 있도록 개선을 요구해야 한다.

1층 출입구 미관 개선 - 건물 전체 이미지 향상과 임차인 유치 효과

송림프라자의 1층 출입구는 건물의 첫인상을 결정짓는 공간으로, 미관이 유지되지 않을 경우 상업 시설 전체의 이미지가 저하될 수 있다.

1층 출입구는 방문객과 임차인이 가장 먼저 접하는 공간이므로, 건물의 관리 상태를 반영하는 중요한 요소가 된다.

출입구의 미관이 좋지 않을 경우, 건물이 노후화된 느낌을 주게 되어, 신규 임차인의 입점을 어렵게 만들 수 있다.

기존 임차인 또한 건물 이미지에 대한 불만을 가질 가능성이 있으며, 장기적으로는 공실 증가로 이어질 수 있다.

이에 따라, 1층 출입구 미관 개선을 통해 송림프라자의 전체적인 이미지를 개선할 필요가 있으며, 이를 위한 관리 비용 집행을 요청하는 것이 필요하다.

출입구 정비, 바닥 및 벽면 청소, 조명 개선 등을 포함한 기본적인 미관 개선 작업을 요청해야 한다.

건물의 첫인상이 바뀌면, 신규 임차인 유치가 더욱 원활해질 것이며, 이는 건물 전체의 공실률 감소 및 임대료 상승으로도 이어질 수 있다.

관리단과 협의하여, 건물 가치 상승을 위한 필요 비용임을 강조하고, 공용 비용 집행을 공식적으로 요청하는 것이 중요하다.

결론 – 공용 공간 개선을 통한 부동산 가치 상승

송림프라자는 옥상 관리 미흡과 1층 출입구 미관 저하로 인해 건물 전체의 이미지가 손상될 위험이 있으며, 이는 임차인 유치 및 건물 가치에 부정적인 영향을 미칠 수 있다.

옥상 공용 공간은 방치하지 말고 정기적인 유지 보수가 이루어져야 하며, 이를 위해 관리 사무소에 개선 요청을 진행해야 한다.

1층 출입구 미관 개선은 단순한 외관 정비를 넘어, 건물의 경쟁력을 강화하고 임대 활성화에 기여할 수 있는 중요한 요소다.

관리단과 협의하여, 공용 비용 집행을 통해 출입구 및 옥상 정비가 이루어질 수 있도록 적극적으로 개선을 요청할 필요가 있다.

결과적으로, 공용 공간 관리 개선은 단기적인 비용 지출이 아니라, 건물 가치 상승과 장기적인 임대 경쟁력 강화를 위한 필수적인 투자이며, 이를 위한 적극적인 대응이 요구된다.

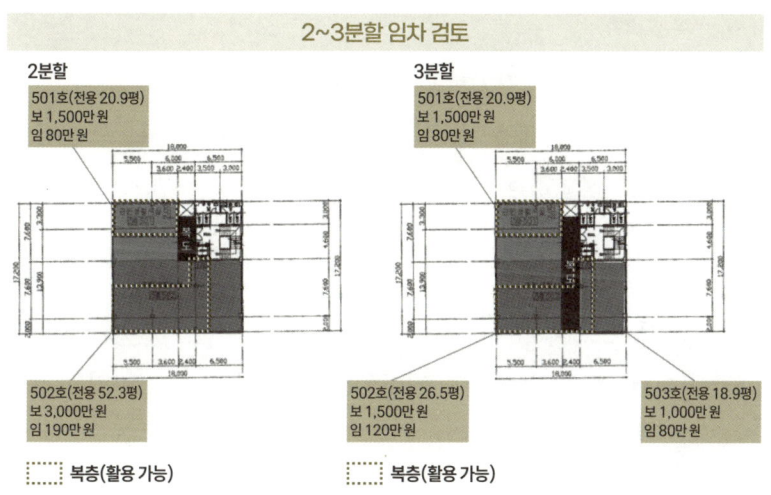

사무실 임차 전략 및 공간 활용 최적화 과정

부동산 임대 전략을 수립할 때, 공간 활용의 최적화는 임대 수익을 극대화하는 중요한 요소 중 하나다.

특히, 사무실 용도의 부동산은 임차인의 수요에 맞춰 공간을 어떻게 구성하느냐에 따라 임대료 수준이 크게 달라질 수 있다. 이에 따라, 본 건에서는 최적의 임대 전략을 찾기 위해 사무실 분할 여부를 신중히 검토한 후, 최적화된 공간 구성안을 도출하였다.

공간 활용 최적화 - 사무실 분할 검토 진행

초기 임차 계획 단계에서는 사무실 공간을 2~3개 구획으로 분할하여 개별 임차인을 유치하는 방안을 검토했다.

사무실을 소규모로 나누어 여러 개의 임차인을 확보하는 방식은, 공실 리스크를 줄이는 효과가 있다.

각 구획별 관리가 용이하며, 임대료를 일정하게 유지할 수 있는 장점이 있다.

2분할 시 예상 월세는 270만 원, 3분할 시 280만 원 수준으로 예상되었으며, 이를 바탕으로 시장 수요를 조사했다.

이러한 분석을 기반으로, 임차 수요에 맞춰 최적의 공간 구성을 결정하기 위한 추가적인 조사가 이루어졌다.

시장 수요 조사 - 복층 및 본 층 일괄 사용의 가치 평가

임차인 수요 조사를 진행한 결과, 본 건 부동산의 경우, 복층과 본 층을 일괄 사용하는 것이 공간의 활용성과 가치를 극대화할 수 있는 요소로 작용한다는 점이 확인되었다.

일반적인 사무실 대비, 복층 구조를 포함한 넓은 공간을 선호하는 임차인층이 존재했다.

공간을 인위적으로 분할하는 것보다, 하나의 큰 공간을 제공하는 것이 오히려 높은 임대료를 받을 수 있는 요소로 작용할 가능성이 높았다.

복층과 본 층을 함께 사용하는 경우, 공간의 개방감과 활용성이 높아지며, 이를 원하는 임차인들에게 더 큰 가치를 제공할 수 있었다.

이러한 결과를 바탕으로, 기존의 분할 임차 마케팅을 중단하고, 복층과 본 층을 일괄 사용하는 방향으로 임대 전략을 수정하였다.

실제 임대 계약 성사 - 예상 대비 높은 임대료 달성

초기 예상과 달리, 사무실을 분할하지 않고 복층과 본 층을 함께 사용하는 형태로 임차인을 유치한 결과, 보다 높은 임대료를 받을 수 있었다.

2분할 시 예상 임대료: 270만 원

3분할 시 예상 임대료: 280만 원

실제 임차 성사 임대료: 400만 원 중후반 수준

이는 임차인의 공간 활용 가치에 대한 평가와 수요에 맞춘 전략적 접근을 통해, 초기 예상보다 더욱 유리한 임대 계약을 성사시킬 수 있었음을 의미한다.

결론 - 최적의 공간 구성으로 임대 수익 극대화

본 사례는 사무실 공간의 활용 방식에 따라 임대료 수준이 달라질 수 있으며, 시장 수요를 반영한 최적의 임대 전략이 필요하다는 점을 보여 준다.

초기에는 관리의 용이성을 고려하여 2~3개 구획으로 분할 임대를 검토했으나, 임차인 수요 분석을 통해 복층과 본 층 일괄 사용의 가치를 확인하였다.

이에 따라, 분할 임대 전략을 중단하고, 보다 높은 임대료를 받을 수 있는 방향으로 공간 활용 방식을 변경하였다.

결과적으로, 초기 예상보다 높은 400만 원 중후반대의 임대료를 확보할 수 있었으며, 이는 최적화된 임대 전략이 성공적으로 적용된 사례라 할 수 있다.

결국, 공간 활용 방식은 단순한 관리의 편리함을 넘어, 임차인의 수요를 면밀히 분석하고, 그에 맞춰 최적의 임대 전략을 수립하는 것이 중요하다는 점을 다시 한번 확인할 수 있는 사례가 되었다.

공유 오피스 예시

또한, 본 건에 높은 층고를 활용한 복층형 공유 오피스 운영 방식도 고민해 봤지만 아래와 같이 안 하는 것으로 결론냈다.

공유 오피스로 활용 시 수익 분석 – 예상 매출과 순이익률

본 건을 공유 오피스로 운영할 경우, 다양한 업체들의 의견을 종합한 결과 예상 매출액은 월 1,500~2,500만 원까지 가능할 것으로 분석되었다.

공유 오피스는 소규모 스타트업, 1인 기업, 프리랜서를 대상으로 한 유연한 업무 공간으로, 일반적인 사무실 임대보다 높은 수익 창출이 가능하다.

특히, 복층 구조를 활용하여 나선형 계단을 설치할 경우, 공간 활용도가 극대화 되면서 차별화된 인테리어와 유니크한 업무 환경을 조성할 수 있다.

입지적 장점과 공간의 특성을 고려했을 때, 수요층이 꾸준히 확보될 가능성이 높으며, 이에 따라 높은 매출이 기대된다.

순이익률을 20~30%로 적용할 경우, 공유 오피스로 운영 시 예상 순이익은 월 300~750만 원 수준으로 분석되며, 이는 단순 임대 대비 훨씬 높은 수익을 창출할 수 있는 기회가 될 수 있다.

직접 운영의 단점 - 관리 난이도 증가

공유 오피스 운영이 높은 수익성을 기대할 수 있는 모델이지만, 그에 따른 운영 부담과 관리 난이도도 함께 증가하는 점을 고려해야 한다.

임대차 계약을 통해 안정적인 월세 수익을 확보하는 것과 달리, 직접 운영하는 경우 공실 리스크와 운영 비용을 감당해야 한다.

입주자 관리, 시설 유지 보수, 마케팅 등의 추가적인 업무가 발생하며, 지속적인 운영 노하우가 필요하다.

공유 오피스 모델의 경쟁이 치열한 만큼, 차별화된 서비스를 제공하지 않으면 장기적으로 수익성이 저하될 가능성이 있다.

결과적으로, 공유 오피스 모델은 높은 수익성을 기대할 수 있지만, 단순 임대에 비해 운영 부담이 크기 때문에, 투자자의 경험과 관리 역량이 중요한 변수로 작용한다.

투자 방향 – 단순 임대로 안정적인 수익 확보 후 추가 투자 확대

공유 오피스 운영이 가능하다는 점은 매력적인 기회지만, 현재 투자 전략으로는 단순 임대를 통해 안정적인 현금 흐름을 확보한 후, 새로운 투자 기회를 모색하는 것이 보다 효율적인 방법이라고 판단되었다.

현재 임대 계약을 통해 안정적인 수익을 확보하고, 공실 리스크 없이 지속적인 현금 흐름을 창출하는 것이 우선이다.

이후, 추가적인 부동산 투자 기회를 발굴하여 공동 투자 방식으로 포트폴리오를 확장하는 것이 더 효과적인 부의 축적 방법이 될 수 있다.

단순 임대와 직접 운영 중 어떤 방식이 더 적합한지는 투자자의 경험과 성향에 따라 달라질 수 있으며, 장기적인 관점에서 지속적으로 투자 전략을 발전시켜 나가는 것이 중요하다.

결론 – 안정적인 임대 수익을 바탕으로 지속적인 투자 확대

본 건의 경우, 공유 오피스로 활용할 경우 높은 수익성을 기대할 수 있지만, 관리 난이도가 증가하는 부담이 존재한다. 이에 따라, 현재는 안정적인 임대 계약을 통해 지속적인 현금 흐름을 확보하고, 새로운 투자 기회를 발굴하는 것이 보다 현실적이고 효과적인 전략으로 판단되었다.

복층 구조와 높은 층고 7.5m를 활용하여 차별화된 공간 조성이 가능하지만, 직접 운영보다는 단순 임대로 효율적인 수익 확보가 가능하다.

공유 오피스 운영 시 월 300~750만 원의 순이익이 예상되지만, 운영 관리 부담이 크고 공실 리스크가 존재한다.

현재 투자 전략은 단순 임대를 통해 안정적인 현금 흐름을 확보하고, 이후 추가적인 투자 기회를 발굴하여 공동 투자를 통해 자산을 지속적으로 늘려가는 것이 보다 효과적인 방법으로 판단된다.

결과적으로, 현 단계에서는 리스크를 줄이고 안정적인 임대 수익을 확보하는 것이 중요하며, 이후 추가적인 투자 기회를 지속적으로 탐색하는 것이 장기적인 부의 축적을 위한 최적의 방법이라 할 수 있다.

CHAPTER 10

실제 상가 투자 사례 #4
부가 가치 전략 투자 사례 (구리 A 상가)

특징: 구조적 문제 해결 수익 극대화,
인근 상가 추가 매입 후 임차인 유치

10 실제 상가 투자 사례 #4
부가 가치 전략 투자 사례 (구리 A 상가)

특징: 구조적 문제 해결 수익 극대화, 인근 상가 추가 매입 후 임차인 유치

마지막으로, 상기 투자 경험을 바탕으로 4명을 모아 공동 투자를 한 건을 소개하고자 한다.

미금 투자 사례를 통해 역이 개통할 예정인 곳을 선점하고, 공실인 부분을 저렴하게만 매입한다면 절반의 성공이라는 생각이 들었고 8호선 개통 예정지 중 네이버 매물 검색을 하다가 화성 골드프라자라는 곳을 발견했다.

지하 1층, 전용 면적 70평, 매매 가격 4억 원으로 나와 있었고 장기간 공실인 점을 고려해 매도인과 협상을 통해 3.88억 원에 매입하였다. 해당 건 매수 포인트는 설명한 바와 같이 외부에서 지하로 바로 출입 가능한 직통 계단이 있고 현장 임장 시 유동 인구가 매우 풍부하여 어떤 업종이든지 싸게 사서 예비비를 남겨 놓는다면 임차 유치까지 오래 걸리지 않는다고 판단하였다.

간략하게 해당 건에 대해 자세하게 살펴보자.

■ 본 부동산

구리역 입지 분석 – 수도권 동북부 핵심 교통 요지

부동산 투자를 고려할 때, 입지는 수익성을 결정짓는 가장 중요한 요소 중 하나이다. 특히, 수도권에서 강남 접근성이 우수하면서도 개발 호재가 풍부한 지역은 장기적인 가치 상승 가능성이 높은 투자처로 평가된다. 구리역은 이러한 입지적 장점을 갖춘 대표적인 지역 중 하나로, 교통, 인구, 상권, 개발 계획 등을 종합적으로 분석할 필요가 있다.

교통 인프라 – 서울과 수도권을 연결하는 핵심 거점

구리역은 경의중앙선이 지나가는 수도권 동북부의 대표적인 교통 중심지 중 하나로, 서울 및 인근 주요 도시와의 접근성이 뛰어나다.

경의중앙선을 이용하면 청량리역까지 10분대, 용산역까지 30분대에 도달할 수 있으며, 강남 접근성도 우수하다.

구리 IC를 통한 서울 외곽 순환 고속 도로, 북부 간선 도로 진입이 용이해, 차량 이동이 편리하며 수도권 주요 지역과의 연결성이 높다.

향후 GTX-B 노선이 개통될 경우, 서울 강남 및 수도권 서부 지역까지의 이동 시간이 대폭 단축될 것으로 예상되며, 이에 따른 부동산 가치 상승이 기대된다.

구리역은 서울과 수도권을 연결하는 핵심 교통 요충지로, 직주 근접을 선호하는 수요층과 교통 편의성을 중시하는 임차인들에게 매력적인 입지를 제공한다.

배후 수요 – 인구 밀집 지역으로 탄탄한 소비층 확보

구리시는 서울과 인접한 지역임에도 불구하고 상대적으로 주거 비용이 낮아, 지속적인 인구 유입이 이루어지고 있는 지역이다.

구리시 전체 인구는 약 20만 명 수준으로, 중소형 도시 중에서도 높은 인구 밀도를 보이고 있으며, 인근 남양주, 하남 등과 연계된 생활권을 형성하고 있다.

구리역 인근은 아파트 단지 및 주거 시설이 밀집해 있으며, 직장인, 학생, 자영업자 등 다양한 소비층이 형성되어 있다.

특히, 갈매 지구 및 다산 신도시 등 신축 주거 단지와 연계된 상권이 확장되면서, 구리역 상권의 영향력이 더욱 확대되고 있는 추세다.

이처럼 구리역은 안정적인 배후 수요를 갖춘 지역으로, 상업 시설 및 오피스 임차 수요가 꾸준히 유지될 가능성이 높은 입지라 할 수 있다.

상권 및 인프라 - 다양한 생활 편의 시설과 활발한 상업 활동

구리역 인근은 전통 시장과 현대식 상업 시설이 조화를 이루는 상권을 형성하고 있으며, 다양한 소비층을 유인할 수 있는 입지적 강점을 보유하고 있다.

구리 전통 시장, 롯데 백화점 구리점, CGV, 대형 마트이마트, 롯데마트 등 대형 상업 시설이 밀집해 있어, 유동 인구가 풍부하다.

구리역을 중심으로 한 다양한 식음료F&B 업종, 학원, 병원, 생활 편의 시설 등이 자리 잡고 있어, 자영업자 및 프랜차이즈 업체들의 선호도가 높은 지역이다.

주변 신도시갈매 지구, 다산 신도시 및 재개발 구역과의 연계를 통해 상권이 확장될 가능성이 높으며, 장기적으로 더욱 활성화될 것으로 전망된다.

구리역 상권은 기존의 전통 시장과 현대식 상업 시설이 공존하며, 다양한 소비층을 확보할 수 있는 입지적 강점을 갖추고 있어, 상업용 부동산 투자에 적합한 지역이라 평가할 수 있다.

화성 골드프라자는 지하 2층 ~ 지상 10층 규모의 프라자 상가

지역 내 상업 중심지에 위치한 랜드마크급 건물이다. 특히, 유동 인구가 집중되는 사거리 횡단보도 앞에 위치하고 있어, 접근성과 가시성이 뛰어난 점이 특징이다.

입지 및 유동 인구

본 건은 지하 직통 계단이 설치되어 있어 지하층임에도 불구하고 유동 인구를 효과적으로 유입할 수 있는 강점을 가지고 있다.

유동 인구가 가장 많이 모이는 핵심 상권 내 위치하여, 자연스러운 고객 유입이 가능하다.

사거리 횡단보도 앞에 위치해 가시성이 우수하며, 보행자 접근성이 뛰어난 점이 강점이다.

역세권 및 주거 밀집 지역과 인접해 있어, 상업 시설의 지속적인 임차 수요가 예상된다.

주요 임차 업종 및 상권 특성

화성 골드프라자는 역세권과 주거 밀집 지역을 기반으로 한 다양한 업종이 입점해 있어, 안정적인 상권을 형성하고 있다.

병의원, 판매점, 음식료 업종 등 생활 밀착형 업종이 입점하여 지속적인 고객 유입이 가능하다.

학원, 운동 시설 등이 함께 구성되어 있어, 인근 거주자 및 직장인을 대상으로 한 상업 시설로 적합하다.

다양한 업종이 혼재되어 있어 특정 업종에 대한 의존도가 낮고, 안정적인 임차 수익이 기대된다.

대상 물건 개요 – 전용 면적 및 내부 구조

본 건의 대상 물건은 지하 1층 B105, B106호를 통합한 형태로, 전용 면적 약 70평 규모를 보유하고 있다.

층고는 2.7m~3.7m로, 공간 활용도가 높아 다양한 업종으로 활용이 가능하다.

기존 임차인이 원상 복구 후 퇴거한 상태로, 바닥을 제외한 내부 공사가 완료된 상황이다.

임대인의 의도에 따라 새로운 인테리어 설계 및 업종 변경이 가능하며, 임차인의 맞춤형 공간 조성이 용이하다.

화성 골드프라자 지하층 투자 전략 – 단계적 매입 및 수익성 확보

부동산 투자에서 단순한 개별 매입이 아니라, 공간 활용도를 극대화할 수 있는 규모 확보 전략이 중요하다.

특히, 지하층과 같은 특정한 구조를 가진 상업 시설은 일정 규모 이상을 확보해야만 임대 및 활용 효율성이 극대화될 수 있다. 이에 따라, 본 건에서는 B106, B107호 총 70평를 우선적으로 매입하고, 추가적으로 B104, B105호 총 64평까지 확보하여 지하층 내 경쟁력을 강화하는 전략을 검토하였다.

B106, B107호 우선 매입 - 안정적인 투자 수익 확보

B106, B107호는 평 단가가 매우 저렴한 상태로 시장에 나와 있어, 장기적으로 보유하더라도 안정적인 수익성을 담보할 수 있는 투자처로 평가되었다.

공실이 2년 이상 지속되더라도, 매입가가 낮아 장기적인 자산 가치를 고려할 때 손실 위험이 크지 않다.

지하층의 경우, 일반적인 상업 시설보다 공실 리스크가 존재할 수 있으나, 특정 업종 PC방, 스튜디오, 창고형 매장 등 유치 시 높은 수익성을 기대할 수 있다.

해당 공간은 직통 계단과 인접해 있어, 지하층임에도 불구하고 유동 인구 확보가 가능하다.

따라서, B106, B107호를 먼저 매입하여 기본적인 임대 가능성을 확보하고, 이후 추가적인 공간 확대를 통해 운영 효율성을 극대화하는 것이 최적의 전략으로 판단되었다.

추가 매입 전략 - B104, B105호 확보를 통한 지하층 활용 극대화

B106, B107호를 매입한 이후, B104, B105호를 추가로 확보하는 전략을 병행하여 지하층 내 경쟁력을 극대화하는 방안이 검토되었다.

지하층의 경우, 일정 규모 100평 이상를 확보해야만 임차인 유치가 수월하며, 공간 활용도가 증가한다.

B104, B105호를 추가 매입할 경우, 총 134평 규모의 대형 공간을 구성할 수 있어, 단순한 소규모 점포 임대보다 더 다양한 활용이 가능하다.

100평 이상의 공간이 확보될 경우, PC방, 대형 필라테스, 실내 스포츠 시설, 공유 오피스 등과 같은 특수 업종 유치가 가능해진다.

이처럼, 초기에는 B106, B107호를 확보한 후, 이후 B104, B105호를 매입하여 규모의 경제를 실현하는 방식이 가장 효과적인 투자 전략으로 판단되었다.

PC방 추가 확보 가능성 및 한계점

이상적인 시나리오로는, PC방까지 확보하여 지하층 내 상권 시너지 효과를 극대화하는 것이지만, 현실적으로는 일부 한계가 존재한다.

PC방은 지하층에서 안정적인 임대 수익을 창출할 수 있는 업종 중 하나로, 이미 영업 중인 매장을 확보할 경우 공실 리스크를 최소화할 수 있다.

현재 운영 중인 PC방은 규모가 작은 단점이 있지만, 영업 환경이 매우 우수하여 기존 소유주의 매도 의사가 없는 상태이다.

따라서, PC방을 확보하는 것이 최선의 전략이지만, 현실적인 한계를 고려하여 추가적인 협상 기회를 지속적으로 모색할 필요가 있다.

결과적으로, PC방 매입이 어렵다면 대체 가능한 업종 운동 시설, 게임존, 공유 오피스 등의 유치를 고려해야 하며, 이를 위한 공간 활용 계획을 사전에 준비할 필요가 있다.

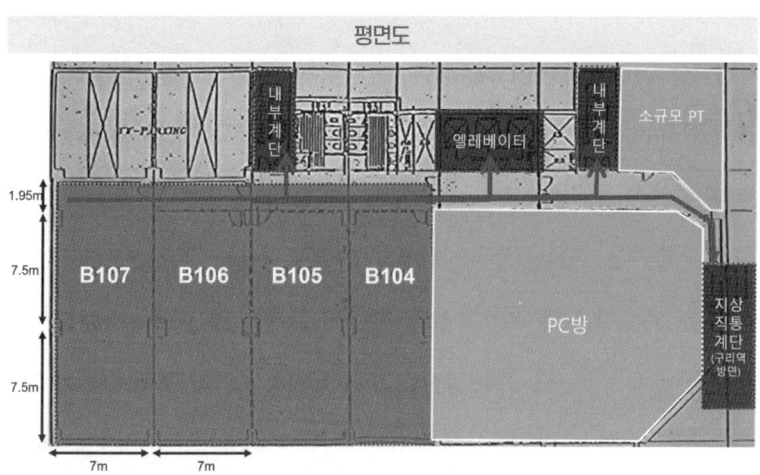

평면도

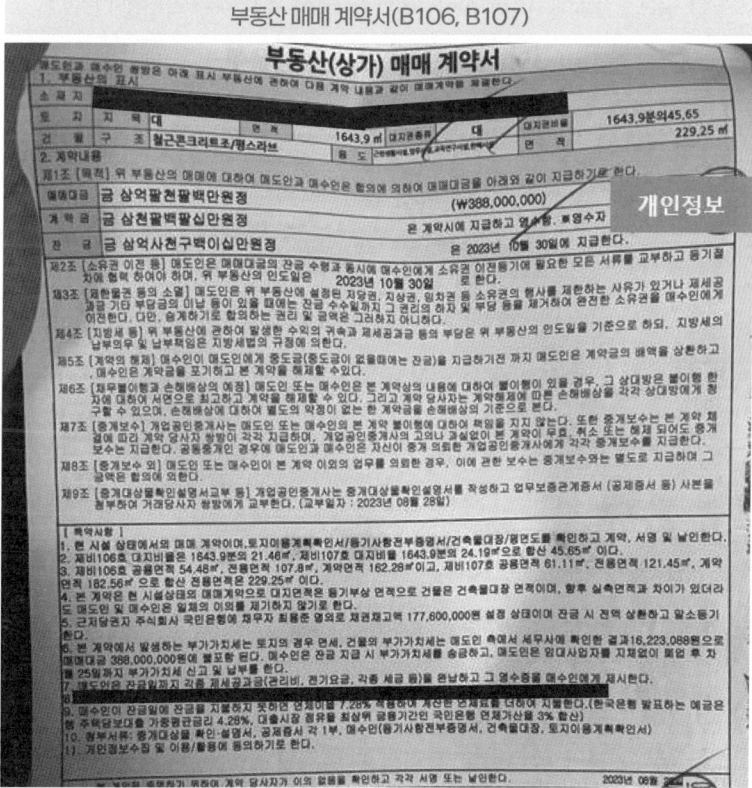

부동산 매매 계약서(B106, B107)

10. 실제 상가 투자 사례 #4 부가 가치 전략 투자 사례(구리 A 상가)

본 건의 B106, B107호는 오랜 기간 공실 상태로 유지되면서 결국 기존 소유주가 운영 및 유지 부담을 극복하지 못하고 매도를 결정한 사례였다. 해당 매도인의 배경을 살펴보면, 1960년생으로 연령대가 높은 편이며, 거주지는 구리였다.

또한, 매도인은 해당 부동산을 상당히 오래전 매입하여 상대적으로 낮은 취득 원가를 보유하고 있었다. 이는 투자 심리에서 흔히 이야기하는 '욕심의 3요소보유 기간이 짧고, 매입 원가가 높으며, 매도 후 대체 투자처가 없을 경우 매도자가 높은 가격을 고집하는 현상'에서 벗어나 있었다는 점이 중요하게 작용했다.

결과적으로, 매도인의 처한 상황과 투자 심리를 종합적으로 고려하여 협상에 임한 결과, 최초 4억 원으로 제시된 매도 희망가에서 1,200만 원을 할인받아 최종적으로 매수하게 되었다.

본 사례는 부동산 매입 시 단순히 물건의 조건만을 분석하는 것이 아니라, 매도인의 심리와 재정 상황까지 고려하는 것이 얼마나 중요한지를 보여 주는 대표적인 예시일 것이다.

오랜 공실 상태로 인해 유지 부담이 커진 매도인의 처지 파악 후 보유 기간이 길고 원가가 낮아 높은 매도가를 고집할 유인이 적다는 점 활용.

연령대와 거주지 정보를 통해 해당 매물을 빠르게 처분하려는 성향 파악.

이러한 요소들을 고려한 협상 전략을 통해, 초기 제시 가격에서 추가 할인을 받아 보다 합리적인 가격으로 매입할 수 있었다. 이를 통해, 부동산 거래에서는 단순한 가격 협상뿐만 아니라, 매도인의 상황과 투자 심리를 분석하는 것이 매우 중요한 요소라는 점을 다시금 확인할 수 있었다.

해당 건의 경우 최초 매수 시점부터 3개월 임대차 마케팅을 임대 안내문을 작성하여 마케팅을 펼쳤고 주변 중개사에게 배포하여 마케팅을 원활히 할 수 있게 보냈다.

더블 역세권(기존 경의중앙선에 8호선 2024년 8월 개통 예정) 반경 500m 내 7,196세대(아파트 75%), 반경 1km 내 31,345세대(아파트 65%)로 배후 수요 多

상권 분석

- 더블 역세권(구리역 경의중앙선, 8호선 2024년 6월 개통 예정).
- 반경 500m 내 7,196세대(아파트 75%), 반경 1km 내 31,345세대(아파트 65%)로 배후 세대가 풍부함.
- 일평균 유동 인구 1등급으로 향후 8호선 준공 및 랜드마크 타워 개발 시 상권 업그레이드 기대.

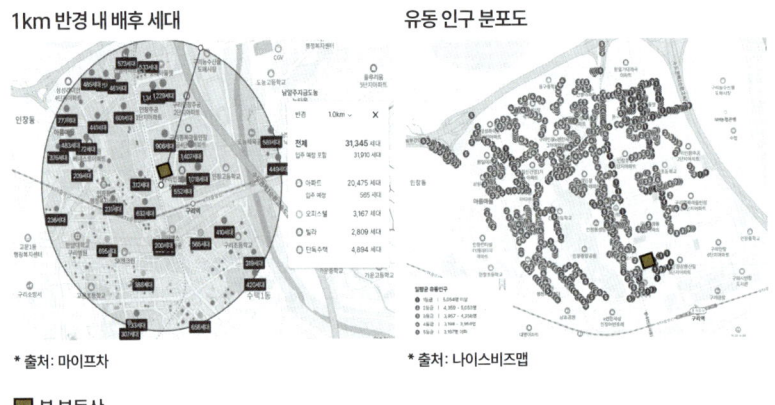

1km 반경 내 배후 세대
* 출처: 마이프차

유동 인구 분포도
* 출처: 나이스비즈맵

■ 본 부동산

본 물건 인근 유동 인구는 지속 증가 추세이며 40대 이상 남성 비율이 높은 것으로 파악됨. 토요일은 상시 많으며, 평일엔 출퇴근 시간에 유동 인구가 많은 것으로 파악됨

상권 분석 ②

- 본 물건 인근 유동 인구는 지속 증가 추세이며 40대 이상 남성 비율이 높은 것으로 파악됨.
- 토요일은 상시 많으며, 평일엔 출퇴근 시간에 유동 인구가 많은 것으로 파악됨.

반경 500m 내 월별 일 평균 유동 인구 추이

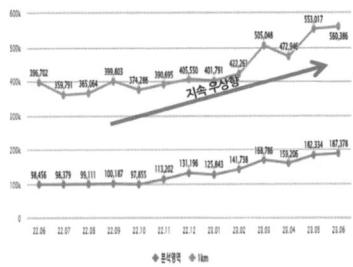

* 출처: 상권 분석 시스템

성별/연령대별 일 평균 유동 인구:
40대 이상 남성 비중 높음

주중/주말, 요일별 일 평균 유동 인구:
요일별 고르게 분포하나 토요일 비중 높음

시간대별 일 평균 유동 인구:
06~11시, 17~21시 출퇴근 시간에 활발

10. 실제 상가 투자 사례 #4 부가 가치 전략 투자 사례(구리 A 상가)

주거 인구는 총 18,368명이며, 여성의 비율이 50.9%, 60대가 23.2%로 가장 높음. 주거 인구는 해당 상권의 잠재적 구매력을 평가할 수 있는 지표로 자신의 비즈니스와 맞는 고객의 성별과 연령대가 많은 상권에서 영업을 하는 것이 전략적으로 유리. 본 상권은 주거 인구가 안정적으로 유지되는 항아리 상권으로 주중 주말 모두 영업 환경이 우수

상권 분석 ③

- 주거 인구는 총 18,368명이며, 여성의 비율이 50.9%, 60대가 23.2%로 가장 높음.
- 주거 인구는 해당 상권의 잠재적 구매력을 평가할 수 있는 지표로 자신의 비즈니스와 맞는 고객의 성별과 연령대가 많은 상권에서 영업을 하는 것이 전략적으로 유리.
- 본 상권은 주거 인구가 안정적으로 유지되는 항아리 상권으로 주중 주말 모두 영업 환경이 우수.

주거 인구 추이: 3년간 유지되고 있으며 역세권 주변 주거 시설 개발 시 증가 예정

성별 소득 소비:
남성 소득 295~343 중 158~184만 원 소비

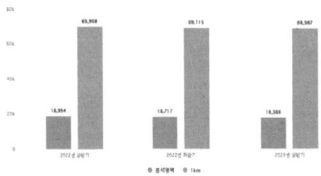

연령대별 소득 소비:
40대 남성의 소득 수준과 소비력 우수

주거 인구 소득 소비 추이:
본 물건이 속한 인창동, 동구동이 가장 높음

금액 구간별 소득 소비 분포:
30대의 소득 수준이 40대 대비 낮으나 지출은 매우 큼

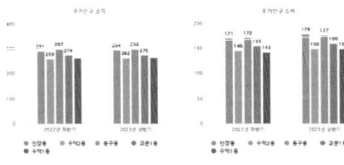

*출처: 상권 분석 시스템

직장 인구는 총 14,831명이며, 여성의 비율이 66.0%, 50대가 26.6%로 가장 높음. 직장 인구는 해당 상권의 잠재적 구매력을 평가할 수 있는 지표로 직장 인구가 많을수록 주중에 안정적인 매출을 기대할 수 있다는 장점이 존재. 본 상권은 서울역, 을지로, 광화문 권역 출퇴근 직장인이 이용하는 경의중앙선을 바탕으로, 8호선 개통 시 잠실, 강남 출퇴근 직장인의 수요 흡수 가능

상권 분석 ④

- 직장 인구는 총 14,831명이며, 여성의 비율이 66.0%, 50대가 26.6%로 가장 높음.
- 직장 인구는 해당 상권의 잠재적 구매력을 평가할 수 있는 지표로 직장 인구가 많을수록 주중에 안정적인 매출을 기대할 수 있다는 장점이 존재.
- 본 상권은 서울역, 을지로, 광화문 권역 출퇴근 직장인이 이용하는 경의중앙선을 바탕으로, 8호선 개통 시 잠실, 강남 출퇴근 직장인의 수요 흡수 가능.

직장 인구 추이: 3년간 유지되고 있으며 역세권 주변 주거 시설 개발 지 증가 예정

성별 소득 소비: 남성 소득 332~386 중 207~241만 원 소비(주거 인구 대비 높음)

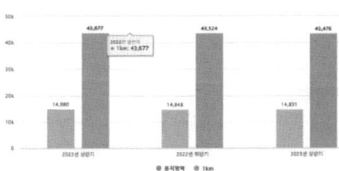

직장 인구 소득 수비 추이: 본 건물이 속한 인창동, 동구동은 교문동에 이어 2위

연령대별 소득 소비: 40대 남성의 소득 수준과 소비력 우수(주거 인구 통일)

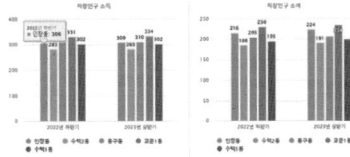

금액 구간별 소득 소비 분포: 30대의 소득 수준이 40대 대비 낮으나 지출은 매우 큼

* 출처: 상권 분석 시스템

아파트 면적별 현황은 소득 및 가구 구성 형태를 추정할 수 있는 자료로 작은 면적에 비해 큰 면적의 주택이 상대적으로 세대 구성원의 수가 많고 소득이 큼. 소득 수준은 객 단가와 관계가 있으니 배후 세대의 소득 수준에 따른 세부 아이템 선정에 활용 가능

상권 분석 ⑤

- 아파트 면적별 현황은 소득 및 가구 구성 형태를 추정할 수 있는 자료로 작은 면적에 비해 큰 면적의 주택이 상대적으로 세대 구성원의 수가 많고 소득이 큼.
- 소득 수준은 객 단가와 관계가 있으니 배후 세대의 소득 수준에 따른 세부 아이템 선정에 활용 가능

세대 수 추이: 특별한 변동 없이 유지 중

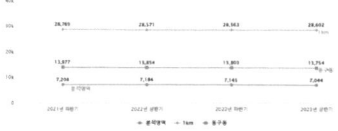

아파트 단지 규모별 현황: 소비력이 좋은 구리 인창 주공, 삼보아파트 배후에 있음

공동 주택 수 추이: 꾸준하게 유지되고 있으며 역세권 주별 개발 시 증가 예상

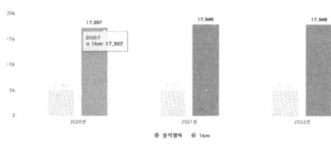

아파트 면적별 현황: 소득 수준이 탄탄한 $66m^2 \sim 99m^2$ 아파트가 대다수임

*출처: 상권 분석 시스템

본 부동산 바로 옆 신설되는 구리역 8호선 개통 시 업무 권역으로서의 위상이 높은 잠실까지 기존 1시간에서 20분 이하로 소요 시간 단축되어 출퇴근 직장인 수요 증가. 예상 단위당 수송 능력의 차이로 인해 버스 정류장보다는 지하철역의 유동 인구 유발 능력이 더 높으며, 버스 정류장과 횡단보도가 인접하는 교차로는 유동 인구가 많음. 본 부동산은 지하철역, 버스 정류장, 교차로에 중첩되어 유동 인구가 매우 많음

개발 호재 ① 지하철 8호선 신설(24. 6 개통)

- 본 부동산 바로 옆 신설되는 구리역 8호선 개통 시 업무 권역으로 위상이 높은 잠실까지 기존 1시간에서 20분 이하로 소요 시간 단축되어 출퇴근 직장인 수요 증가 예상.
- 단위당 수송 능력의 차이로 인해 버스 정류장보다는 지하철역의 유동 인구 유발 능력이 더 높으며, 버스 정류장과 횡단보도가 인접하는 교차로는 유동 인구가 많음.
- 본 부동산은 지하철역, 버스 정류장, 교차로에 중첩되어 유동 인구가 매우 많음.

노선도 환승 역사

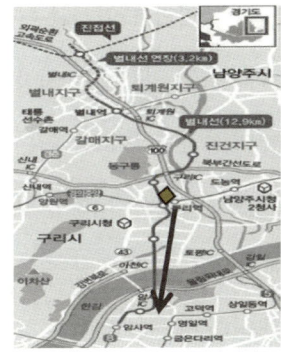

■ 본 부동산

별내역은 지하철 8호선 연장으로 교통 접근성이 향상되어 상업적 가치가 높아질 것으로 예상됩니다. 그러나 별내 신도시는 계획도시로서 상업 시설의 공급이 이미 상당한 수준에 이르러, 상가 공실률이 높아질 우려가 있다.

반면, 구리역은 기존 구도심으로서 상권이 성숙하고 임대료 수준이 검증되어 안정적인 투자처로 평가받고 있다. 따라서 상업 시설 투자를 고려할 때, 상권이 이미 성숙하고 임대료가 안정적인 구도심 지역에 주목하는 것이 바람직하다. 이는 안정적인 수익을 기대할 수 있는 전략으로, 상권의 성숙도와 임대료의 안정성이 투자 결정에 중요한 요소이다.

구리 랜드마크 타워 개발과 인근 부동산 가치 상승 기대

부동산 시장에서 대규모 개발 프로젝트는 인근 지역의 상업성과 부동산 가치를 변화시키는 중요한 요인 중 하나이다. 본 건 인근에는 지하 4층~지상 49층 규모의 주상 복합 개발 계획이 예정되어 있으며, 이른바 '구리 랜드마크 타워'가 조성될 예정이다. 해당 프로젝트가 진행될 경우, 본 부동산의 입지는 더욱 강화될 것으로 예상되며, 유동 인구 증가와 임대료 상승 등의 긍정적인 영향을 기대할 수 있다.

구리 랜드마크 타워 개발이 기대되는 이유

구리 랜드마크 타워는 문화, 체육, 주거 시설을 포함하는 복합 개발 프로젝트로, 다양한 인구 유입 요인을 갖춘 상업 및 주거 복합 단지로 계획되어 있다.

문화 시설과 체육 시설은 방문객을 유입하는 핵심 요소로 작용하며, 상권 활성화에 기여할 가능성이 크다.

주거 시설의 경우, 해당 건물 내 상주 인구 증가를 의미하며, 이는 인근 상업 시설의 소비층 확대 효과를 가져올 것으로 기대된다.

개발 계획이 확정되면, 상업용 부동산 시장에서 '미래 가치' 요소를 평가받아 매각 시 투자자들에게 기대감을 줄 수 있는 요소로 작용한다.

즉, 개발 계획이 구체화되는 것만으로도 인근 부동산의 매력도를 상승시키며, 이는 미래 매각 시 긍정적인 요소로 작용할 가능성이 높다.

본 부동산의 지리적 장점 – 유동 인구 흡수 가능성

본 부동산은 지하상가로 연결되는 출입구가 있으며, 이 출입구와 구리 랜드마크 타워의 주 출입구가 인접해 있다.

구리 랜드마크 타워의 입주자 및 방문객이 자연스럽게 본 부동산의 지하상가로 유입될 가능성이 높다.

이는 상업 시설의 활성화뿐만 아니라, 추가적인 고객 유입 효과를 기대할 수 있는 요소로 작용한다.

지하상가는 접근성이 중요한데, 대규모 랜드마크와 직접 연결될 경우, 실질적인 유동 인구 증가 효과를 누릴 수 있다.

결과적으로, 해당 개발 프로젝트가 본격적으로 진행될 경우, 본 부동산의 유동 인구 확보가 더욱 용이해질 가능성이 높다.

저평가된 임대료로 인한 상승 가능성

현재 본 부동산의 임대료는 첫 차시 대비 저평가되어 있으며, 이는 향후 임대료 상승 요인으로 작용할 수 있다.

대규모 개발이 진행되면, 주변 상권이 활성화되며 기존의 저평가된 상업 시설들은 상대적으로 가치를 재평가받게 된다.

초기에는 안정적인 임대료로 유지될 가능성이 높으나, 수요가 증가하면 자연스럽게 임대료 인상으로 이어질 수 있다.

이는 장기 보유 시 안정적인 임대 수익 증가로 이어질 뿐만 아니라, 향후 매각 시에도 자산 가치를 더욱 높이는 요인이 된다.

즉, 현시점에서 임대료가 저평가되어 있는 점은 오히려 장기적으로 긍정적인 요소가 될 수 있으며, 향후 개발이 가시화되면서 임대료 인상의 여력이 충분할 것으로 기대된다.

개발 호재 ② 랜드마크 타워 개발

- 본 부동산 옆 지하 4층~지상 49층 규모의 주상 복합인 구리 랜드마크 타워 건립 예정으로 건축물 용도는 문화, 체육, 주거 시설로 인구 유발 시설들로 구성.
- 본 부동산의 지하상가로 갈 수 있는 출입구의 랜드마크 타워 출입구가 인접하여 실질적인 유동 인구의 흡수 기대 가능하여 상주 인구 수요도 증가할 것으로 예정됨.

조감도

배치도

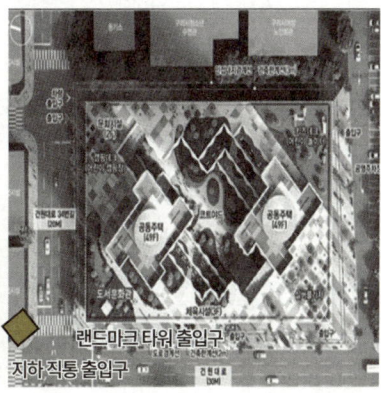

■ 본 부동산

타 경쟁 임대 매물 분석 시 B105, B106호에 대해 보증금 4,000만 원, 임대료 240만 원에 책정

임대 조건 안내

- 임대 보증금 4,000만 원, 임대료 240만 원(부가세 별도)를 제안하고자 함.
- 임대 시세 조사, 분석, 비교 시 본 건의 임대 조건은 향후 영업 환경 개선 등 고려 시 합리적인 조건에 임대를 할 수 있는 조건임.
- 본 부동산은 권리금이 없으며 타 분석 사례의 임대 조건은 예전에 저렴한 조건으로 임대를 주어 권리금이 형성된 것으로 신규 임차 시 상승할 전망.

임대 조건 요약(본 부동산의 임대 조건은 전용 면적 평당 3.42만 원)

임대 조건 — 보증금: 4,000만 원, 임대료: 240만 원 (임대 조건 및 면적 분할 협의 가능)

입지 조건 — 구리역 도보 1~3분, 배후 수요 탄탄

물리 조건 — 전용 면적 70평, 층고 2.7~3.7m

✕ **권리금** — 권리금 없음

주변 임대 시세 분석(입지 열위인 세신프라자가 본 건 대비 전용 평당 임대료 높음)

구분	층수	전용면적	보증금	임대료	전용면적평당월세
화성골드프라자	1	5.6	1,000	65	11.61
화성골드프라자	9	20.86	3,500	100	4.79
화성골드프라자	1	11.7	5,000	250	21.37
화성골드프라자	5	108.59	10,000	550	5.06
화성골드프라자	5	41.92	3,000	130	3.10
화성골드프라자	3	8.74	500	50	5.72
본건	-1	70	4,000	240	3.4
세신리빙프라자	-1	8.91	400	40	4.49
브래드엔밀건물	1	10.95	6,000	340	31.05
올리브영건물	1	7.87	3,000	170	2.65
올리브영건물	3	19.43	2,000	100	21.60
올리브영건물	2	11.7	1,000	55	5.15
올리브영건물	6	27.76	3,000	130	4.70
올리브영건물	6	52.33	5,000	250	4.68
농협은행건물	1	14.77	5,000	280	4.78
농협은행건물	1	20.57	5,000	350	18.96
세신훼밀리타운	1	6.95	3,000	180	17.02
세신훼밀리타운	9	6.95	3,000	180	25.90
신아월드코리아건물	7	44.39	5,000	250	25.90
파킹프라자	1	47.9	7,000	420	5.63
파킹프라자	2	51.57	7,000	310	8.77

임대 조건 조사 후 해당 본 건에 적합한 임대차 후보를 아래와 같이 가정해 봤다.

체육 시설(주짓수, 크로스핏 등)
- 넓은 공간을 활용한 특수 운동 시설

체육 시설은 넓은 공간을 필요로 하며, 지하층이더라도 환기 및 층고 조건이 맞을 경우 운영이 가능하다. 본 건의 경우, 충분한 전용 면적과 적절한 층고 2.7~3.7m를 갖추고 있어, 체육 시설 유치에 적합한 환경이라고 판단했다.

주짓수, 크로스핏 등 특수 운동 시설은 정적인 운동보다 활동성이 크기 때문에 일반 상가보다는 독립된 공간이 필요하다.

회원제로 운영되는 경우가 많아, 유동 인구보다는 고정 고객층을 유치하는 것이 중요하며, 이에 따라 입지보다는 내부 시설의 활용도가 더 중요한 요소로 작용한다.

특수 체육 시설의 경우, 경쟁이 심하지 않은 지역에서는 안정적인 수익을 확보할 수 있으며, 장기 임차 가능성이 높아 투자 안정성이 높다.

따라서, 체육 시설 업종은 본 건의 공간 활용도를 극대화하면서도 지속적인 임대 수익을 창출할 수 있는 유망 업종 중 하나로 평가된다.

공방, 창고, 스튜디오
- 크리에이터 및 소규모 사업자를 위한 공간 제공

최근 공방, 창고, 촬영 스튜디오 등의 수요가 증가하고 있으며, 이는 1인 창업과 크리에이터 시장 확대에 따른 변화로 분석된다.

핸드메이드 제품 제작, 소규모 패션 브랜드 운영, 영상 및 사진 촬영 등의 목적으로 공방 및 창고를 찾는 수요가 꾸준히 증가하고 있다.

도심 내 공방 및 창고 공간이 부족한 상황에서, 비교적 저렴한 임대료로 공간을 제공할 경우, 지속적인 임차 수요를 기대할 수 있다.

스튜디오의 경우, 개인 및 기업 단위로 단기 임대 수요도 존재하므로, 월 단위뿐만 아니라 시간 단위 또는 하루 단위 임대를 활용한 수익 모델 구축이 가능하다.

따라서, 공방, 창고, 스튜디오 업종은 상대적으로 초기 투자 비용이 적고, 안정적인 수요를 바탕으로 운영할 수 있는 유망 업종 중 하나라고 생각했다.

고물가형 할인 매장 - 창고형 할인점 컨셉 활용

최근 고물가 시대를 맞아 대량으로 상품을 구입하여 저렴한 가격에 판매하는 '고물가형 할인 매장'이 새로운 트렌드로 떠오르고 있다.

일반적인 대형 마트나 편의점보다 훨씬 저렴한 가격으로 상품을 공급할 수 있어, 소비자들에게 큰 인기를 얻고 있다.

본 건의 경우, 대형 면적을 활용하여 창고형 할인점을 운영할 수 있으며, 대량 매입을 통한 원가 절감 효과를 극대화할 수 있다.

특히, 대형 주차장이 필요하지 않은 실내형 할인 매장은 도심 내에서도 운영 가능성이 높아, 유망한 업종으로 평가된다.

이러한 특성을 고려할 때, 떼매장과 같은 창고형 할인점은 비교적 낮은 초기 투자 비용으로 운영이 가능하며, 고정 고객층 확보가 용이한 업종 중 후보군으로 추가했다.

리퍼브 매장, 다이소 - 저렴한 생활 용품 판매를 통한 안정적 운영

리퍼브 매장Refurbished Store과 다이소 같은 생활 용품 매장은 소비자들에게 저렴한 가격으로 다양한 상품을 제공하는 형태의 매장으로, 꾸준한 수요가 존재한다.

리퍼브 매장은 정상적인 제품이지만 약간의 하자가 있는 상품을 할인된 가격으로 판매하는 구조로, 최근 경제 불황 속에서 인기를 끌고 있다.

다이소와 같은 생활 용품 매장은 도심 내에서도 강한 소비층을 확보할 수 있어, 안정적인 매출을 기대할 수 있다.

본 건의 경우, 비교적 넓은 면적을 활용할 수 있어 리퍼브 제품을 대량으로 확보하여 운영할 수 있으며, 창고형 구조로 변경할 경우 더욱 경쟁력을 갖출 수 있다.

따라서, 리퍼브 매장과 생활 용품 매장은 높은 회전율과 안정적인 고객층을 확보할 수 있어, 장기적으로 안정적인 수익을 창출할 수 있는 업종 중 하나로 분석된다.

제안 업종 ①

체육 시설(주짓수, 크로스핏 등)

공방, 창고, 스튜디오 등

땡처리 매장

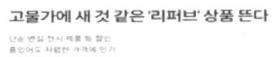

리퍼브 매장, 다이소 등

공유 주방 또는 배달 전문 요리점
- 비대면 소비 트렌드에 적합한 업종

최근 배달 시장이 지속적으로 성장하면서, 오프라인 매장보다는 배달 전문 매장이나 공유 주방과 같은 형태의 비대면 소비 모델이 각광받고 있다.

공유 주방은 여러 사업자가 공동으로 주방을 운영하는 방식으로, 초기 창업 비용을 절감할 수 있어 수요가 증가하고 있다.

배달 전문 요리점예: 중식, 한식, 패스트푸드 등은 상권과 관계없이 온라인 플랫폼을 통해 고객을 유치할 수 있어 공간 활용도가 높다.

특히, 본 건과 같이 넓은 면적을 갖춘 공간에서는 다수의 주방을 구성하여 공유 주방 형태로 운영할 경우, 수익 극대화가 가능하다.

이처럼, 배달 시장 확대에 따라 공유 주방이나 배달 전문 요리점은 향후 안정적인 수요를 기대할 수 있는 유망 업종 중 하나로 판단된다.

스크린 테니스, 스크린 골프 - 실내 스포츠 시설로의 활용 가능성

최근 스크린 스포츠스크린 골프, 스크린 테니스 등 시설이 새로운 여가 공간으로 각광받고 있다.

스크린 골프는 이미 대중화된 업종이며, 최근에는 스크린 테니스, 스크린 야구 등 다양한 스포츠 시설이 도입되면서 스포츠형 오락 시설로 확장되는 추세이다.

지하층이라도 층고가 3m 이상 확보될 경우 실내 운동 시설로 활용이 가능하며, 특히 소음 문제가 상대적으로 적어 운영에 용이하다.

최근 건강 및 레저 활동에 대한 관심이 증가함에 따라, 실내 스포츠 시설은 지속적인 수요를 확보할 가능성이 높다.

본 건의 물리적 조건을 고려할 때, 스크린 스포츠 시설은 공간 활용도를 높이고, 안정적인 수익 모델을 구축할 수 있는 업종으로 적합하다.

오피스디포(문구 및 사무 용품 판매점)
- 직장인 및 학생 대상 필수 소비재 매장

오피스디포와 같은 문구 및 사무 용품 전문 매장은 직장인과 학생을 주요 소비층으로 두고 있어, 안정적인 매출을 기대할 수 있는 업종이다.

사무 용품, 프린터 용지, 각종 문구류 등은 필수 소비재로서 경기 변동에 비교적 영향을 적게 받는다.

주변에 사무실이 많거나 교육 시설이 밀집한 지역에서는 꾸준한 고객 유입이 가능하다.

문구점은 특정 고객층^{학생 및 직장인}을 타깃으로 하기 때문에, 상권과 관계없이 안정적인 매출을 유지할 수 있다.

따라서, 문구 및 사무 용품 전문 매장은 주변 환경과 상관없이 지속적인 수요를 창출할 수 있는 업종으로 평가된다.

만화 카페 – 여가 및 휴식 공간으로의 활용

만화 카페는 최근 젊은 층을 중심으로 인기를 끌고 있는 여가 공간 중 하나로, 단순한 카페가 아닌 장기 체류가 가능한 공간으로 진화하고 있다.

책을 읽으며 시간을 보낼 수 있는 공간으로, 고객들의 평균 체류 시간이 길어 안정적인 수익 창출이 가능하다.

카페 형태로 운영되면서도 부가적인 매출간식 판매, 시간제 이용료 등이 발생할 수 있어 높은 수익성을 기대할 수 있다.

특히, PC방과 달리 소음이 적고 차분한 분위기의 공간이기 때문에, 지하층에서도 운영하기 용이하다.

본 건의 면적과 입지를 고려할 때, 만화 카페는 방문객이 오래 머물며 지속적인 소비를 유도할 수 있는 업종으로 적합하며, 젊은 층을 주요 고객층으로 확보할 수 있다.

제안 업종 ②

공유 주방 또는 배달 전문 요리점(중식 등)

스크린 테니스, 스크린 골프 등

오피스디포 등 문구 관련

만화 카페 등

마사지 숍(스웨디시, 타이, 풋 숍 등)
– 지하층에서도 안정적인 운영 가능

마사지 숍은 일반적으로 내부 환경과 서비스의 질이 고객 유치에 중요한 요소이므로, 지하층에서도 운영이 용이한 업종 중 하나이다.

스웨디시, 타이, 풋 숍 등 다양한 마사지 업종은 비교적 작은 공간에서도 운영이 가능하며, 고객 체류 시간이 길어 회전율이 높지 않아도 안정적인 매출을 창출할 수 있다.

소음이 적고, 조용한 환경이 중요한 업종이므로, 지하층의 입지는 오히려 장점으로 작용할 수 있다.

인근 지역에 직장인, 거주민이 많다면 꾸준한 고객 유입이 기대되며, 정기 회원제 운영을 통해 장기적인 수익 구조를 확보할 수 있다.

본 건의 경우, 독립된 공간을 조성할 수 있어 프라이빗한 분위기를 형성할 수 있으며, 고객 충성도가 높은 업종이므로 안정적인 임차인을 확보할 수 있는 가능성이 높다.

보드 카페, 홀덤 펍 – 젊은 층을 대상으로 한 트렌디한 공간 조성

최근 보드 카페 및 홀덤 펍과 같은 엔터테인먼트형 카페는 젊은 층을 중심으로 인기를 끌고 있으며, 고객 체류 시간이 길어 비교적 안정적인 매출을 기대할 수 있는 업종이다.

보드 카페는 테이블 단위로 운영되며, 고객들이 장시간 머물며 소비를 하는 구조이므로, 단순한 회전율보다는 지속적인 고객 유입이 중요한 요소이다.

홀덤 펍은 기존의 일반 펍과 차별화된 형태로, 게임을 즐기면서 음료를 소비하는 형태로 운영되므로, 높은 객 단가를 기대할 수 있다.

특히, 지하층과 같이 외부 노출이 적은 공간에서도 내부 인테리어와 분위기 조성을 통해 충분한 고객 유치가 가능하다.

본 건의 경우, 적절한 면적을 확보하고 있으며, 지하층이라는 특성이 외부 시선 차단이 필요한 업종과도 잘 맞아 보드 카페 또는 홀덤 펍과 같은 업종에 적합한 공간으로 활용될 수 있다.

실내 낚시터 - 공간 활용도를 극대화할 수 있는 체험형 업종

최근 도심형 여가 트렌드가 변화하면서 실내 낚시터와 같은 체험형 매장의 인기가 증가하고 있다.

실내 낚시터는 넓은 면적과 일정한 층고가 필요하지만, 비교적 운영이 간단하고 지속적인 방문 고객을 확보할 수 있는 업종이다.

일반적인 상업 시설과 달리, 고객들이 특정 목적낚시 체험으로 방문하므로 충성도 높은 단골 고객을 유치할 수 있다.

주말 및 야간 이용률이 높아, 상업지 내에서도 차별화된 운영 전략을 구축할 수 있으며, 장기적으로 안정적인 수익 모델을 형성할 수 있다.

본 건은 넓은 면적과 층고를 갖추고 있어 실내 낚시터로 활용할 경우 최적의 입지가 될 가능성이 높으며, 타 업종 대비 경쟁이 적어 차별화된 상업 모델을 구축할 수 있다.

무인 사진관, 렌탈 스튜디오
- 소규모 창업자 및 콘텐츠 제작자를 위한 공간

최근 개인 콘텐츠 제작 및 셀프 촬영에 대한 수요가 증가하면서, 무인 사진관 및 렌탈 스튜디오가 새로운 상업 모델로 자리 잡고 있다.

무인 사진관은 간단한 시설만으로도 운영이 가능하며, 소규모 창업자나 일반 소비자 모두 이용할 수 있는 공간으로 활용될 수 있다.

렌탈 스튜디오는 개인 크리에이터 및 스몰 비즈니스를 운영하는 창업자들에게 촬영 공간을 제공하는 형태로 운영할 수 있으며, 단기 임대 모델을 활용하여 높은 회전율을 기대할 수 있다.

특히, 지하층은 외부 빛이 차단된 공간으로 조명 및 촬영 환경을 조성하기에 적합하므로, 촬영 전용 공간으로의 활용 가능성이 높다.

본 건의 경우, 비교적 작은 공간을 활용할 수 있는 업종이므로, 초기 투자 비용을 절감하면서도 지속적인 수익을 창출할 수 있는 장점이 있다.

제안 업종 ③

마사지(스웨디시, 타이, 풋 숍 등)

보드 카페, 홀덤 펍 등

실내 낚시터

무인 사진관, 렌탈 스튜디오

탁구장

다른 스포츠 시설에 비해 상대적으로 적은 공간을 필요로 하면서도, 지속적인 고객 수요를 확보할 수 있는 업종 중 하나이다.

체육 시설이므로, 일반 소매업보다 소음에 대한 제약이 적으며, 층고가 확보된 공간이라면 운영이 용이하다.

탁구는 연령층이 넓은 스포츠로, 지역 주민 및 동호회 중심으로 꾸준한 수요가 존재한다.

타 스포츠 시설 대비 초기 투자 비용이 적고, 유지 보수 비용이 낮아 운영 부담이 크지 않다.

본 건의 경우, 넓은 면적을 활용하여 여러 개의 탁구대를 배치할 수 있으며, 장기적인 임대 안정성을 고려할 때 적합한 업종으로 평가된다.

사무실, 공유 오피스 – 스타트업 및 1인 창업자를 위한 공간

최근 재택근무와 프리랜서 증가로 인해, 공유 오피스 및 소규모 사무실에 대한 수요가 높아지고 있다.

스타트업, 1인 기업, 프리랜서를 위한 업무 공간이 필요하며, 비교적 저렴한 임대료를 제공할 경우 지속적인 임차 수요를 확보할 수 있다.

사무실 운영의 경우, 입지보다는 내부 시설인터넷, 회의실, 휴게 공간 등의 편의성이 중요한 요소로 작용한다.

공유 오피스는 개별 사무실보다 공간 활용도가 높고, 여러 임차인을 동시에 유치할 수 있어 공실 리스크를 줄일 수 있다.

본 건은 비교적 넓은 면적을 갖추고 있어, 효율적인 공간 분할을 통해 공유 오피스 또는 소규모 사무실로 운영할 경우, 높은 수익성을 기대할 수 있다.

창고 – 단기 및 장기 보관 수요를 겨냥한 공간 활용

창고는 전자 상거래 시장의 성장과 함께 물류 및 보관 공간에 대한 수요가 증가하면서 주목받는 업종 중 하나이다.

소규모 온라인 쇼핑몰 운영자, 유통 업체, 개인 보관 창고를 필요로 하는 고객을 대상으로 한 임대가 가능하다.

기존의 창고형 부동산에 비해 도심 내 접근성이 좋다면, 단기 창고 서비스 또는 셀프 스토리지 개념으로 운영할 수도 있다.

단순 보관 시설이기 때문에 운영 인력이 거의 필요하지 않아 관리 부담이 적으며, 장기적인 임대 수익을 기대할 수 있다.

본 건은 창고형 시설로 활용될 경우, 비교적 적은 초기 투자 비용으로 안정적인 장기 임대 수익을 확보할 수 있는 업종으로 적합하다.

뷰티 업종(태닝 숍, 왁싱 숍, 피부 관리, 네일 숍)
- 지속적인 고객 수요가 있는 업종

뷰티 산업은 경기 불황에도 꾸준한 소비가 이루어지는 업종 중 하나로, 소규모 공간에서도 운영이 가능하여 상업 시설 내 유망 업종으로 평가된다.

태닝 숍, 왁싱 숍, 피부 관리실, 네일 숍 등은 소규모 면적으로도 운영이 가능하며, 고정 고객층을 유치할 수 있다.

서비스 특성상 조용한 환경이 요구되므로, 지하층 또는 외부 소음이 적은 공간에서 운영하기 용이하다.

고객 1인당 단가가 높은 편이며, 예약제 운영을 통해 운영 효율성을 높일 수 있다.

본 건의 경우, 뷰티 업종을 위한 독립적인 공간을 조성할 경우, 안정적인 매출을 창출할 수 있는 가능성이 높으며, 경쟁이 적은 지역이라면 더욱 유리한 조건이 될 수 있다.

제안 업종 ④

탁구장

사무실, 공유 오피스 등

창고

태닝 숍, 왁싱 숍, 피부 관리, 네일 숍

함바집

주로 건설 현장 근로자 및 주변 상주 인구를 대상으로 저렴하고 든든한 식사를 제공하는 형태의 음식점으로, 일정한 수요가 지속적으로 유지되는 업종이다.

건설 현장 및 공업 지역 근로자들을 대상으로 한 단골 고객층을 확보할 수 있으며, 충성도가 높은 편이다.

비교적 간단한 식단 구성으로 운영할 수 있어 원가 절감이 가능하며, 빠른 회전율을 기대할 수 있다.

배달보다는 직접 방문 고객을 중심으로 운영되므로, 점심·저녁 피크 타임에 집중된 매출 구조를 형성할 수 있다.

본 건의 경우, 주변에 건설 현장 및 직장인이 많은 지역이라면 함바집 형태의 음식점을 운영할 경우 높은 점심·저녁 회전율을 기대할 수 있으며, 안정적인 임차인을 확보하는 데 유리할 수 있다.

한식 뷔페 - 가성비를 중시하는 소비 트렌드에 적합한 업종

한식 뷔페는 고객들에게 일정 가격을 받고 다양한 반찬과 밥을 제공하는 방식으로 운영되며, 최근 가성비 높은 음식점을 선호하는 소비 트렌드에 적합한 업종 중 하나이다.

고객 1인당 정해진 가격을 받는 구조이므로, 매출이 일정 부분 보장되며, 재고 관리가 용이하다.

일반적인 한식당보다 음식 조리 시간이 짧고, 회전율이 높아 운영 효율성이 뛰어난 편이다.

점심 및 저녁 시간대에 직장인, 인근 거주민, 상주 인구를 대상으로 꾸준한 고객 유입을 기대할 수 있다.

본 건의 경우, 넓은 면적을 활용하여 일정 규모 이상의 고객을 수용할 수 있으며, 음식점 운영이 활발한 지역이라면 한식 뷔페는 경쟁력을 가질 수 있는 업종이 될 수 있다.

제안 업종 ⑤

함바집, 한식 뷔페

임대차 후보군을 설정한 후, 본격적인 임차인 유치 활동을 진행하던 도중 예상치 못한 변수가 발생했다. 해당 건의 매입을 성사시킨 중개업소로부터 직접 연락이 와서 '깔세'나 '사무실 단기 임대' 등의 방안을 적극적으로 제안한 것이다.

깔세란 일정 기간 동안 낮은 보증금과 높은 월세를 부담하며 공간을 단기 임차하는 방식으로, 임대인의 입장에서는 빠르게 공실을 해소할 수 있는 장점이 있다. 하지만, 해당 중개업소가 제안한 조건을 검토한 결과, 임대차 수수료 부담과 과도한 임차인 지원 조건이 포함되어 있어 경제성이 극히 낮은 계약이 될 가능성이 높았다.

실제 제시된 조건을 분석해 보니, 수취하는 월세의 90%가 비용으로 지출되는 구조였다. 즉, 임대인은 사실상 공간을 내주고도 큰 이익을 남기기 어려운 상황이었으며, 장기적으로 볼 때 지속 가능한 임대 운영이 불가능한 방식이었다.

이러한 상황에서 중개업소는 공실을 해소하려는 임대인의 조급한 심리를 이용하여 단기적인 수익을 챙기려는 모습이 강하게 비춰졌다. 공실 상태를 장기적으로 방치하는 것은 부담이지만, 그렇다고 무리한 조건으로 계약을 체결하는 것은 더욱 위험한 선택이 될 수 있다.

이에 따라, 임대인으로서 충분한 고민 끝에 해당 제안을 거절하고 보다 지속 가능한 임차인 유치를 위한 전략을 다시 세우기로 결정했다.

중개업소의 제안을 거절한 이후, 보다 직접적인 방법으로 임차인을 찾기 위해 네이버 톡톡을 활용하여 공실을 원하는 임차인들과의 접촉을 시도했다. 네이버 부동산 플랫폼을 통해 300명이 넘는 잠재적 임차인에게 직접 연락을 돌리며, 공간에 관심을 보이는 후보자를 선별하고 실질적인 협의를 진행할 기회를 마련했다.

이러한 방식은 단순히 중개업소에 의존하지 않고, 직접 임차인을 유치할 수 있는 적극적인 전략으로 활용될 수 있다. 또한, 네이버 톡톡을 통한 직접 소통은 임대인과 임차인 간의 불필요한 중개 비용을 줄일 수 있을 뿐만 아니라, 더욱 신뢰도 높은 계약을 체결할 수 있는 기회를 제공한다.

결과적으로, 조급한 마음으로 불리한 조건의 계약을 체결하기보다는, 장기적인 임대 수익을 고려한 전략적인 접근이 필요함을 다시금 깨닫게 된 사례였다. 임대차 계약에서 중요한 것은 단기적인 공실 해소가 아니라, 지속 가능한 임차인을 확보하여 안정적인 임대 운영을 유지하는 것이다.

피트니스 업체와의 협의 - 당구장 철거 조건부 임대차 계약 성사

이 과정에서, 피트니스 센터 운영자로부터 한 가지 흥미로운 제안이 들어왔다. 그는 현재 공실로 남아 있는 공간에 입점할 의사가 있으나, 공간 활용을 위해 옆 당구장을 철거해 줄 것을 조건으로 내세웠다.

피트니스 운영자는 넓고 개방적인 공간이 필요했으며, 기존의 공간으로는 운동 기구 배치와 고객 동선이 원활하지 않다고 판단했다. 이에 따라, 현재 당구장이 위치한 공간을 추가로 확보할 수 있다면 장기 임대를 고려하겠다는 의견을 전달해 왔다.

이 제안을 수용하기 위해, 당구장 소유주와 협상을 진행하여 해당 공간을 매입한 후 철거 작업을 진행하였다. 당구장 업종이 점차 사양 산업으로 접어들고 있는 상황에서, 기존 소유주도 매도를 고려하고 있었던 것으로 확인되었다.

이를 활용하여 협상에 나섰고, 비록 공실 상태였던 B106·B107호를 매입한 가격 대비 당구장은 다소 높은 가격에 매입해야 했지만, 이를 기존 투자와 함께 고려했을 때 물타기가 되어 전체 평균 매입 단가가 낮아지는 효과를 얻을 수 있었다.

B104, 105호 당구장 매도인 3요소는 B106, B107호 매도인과 동일하였다.

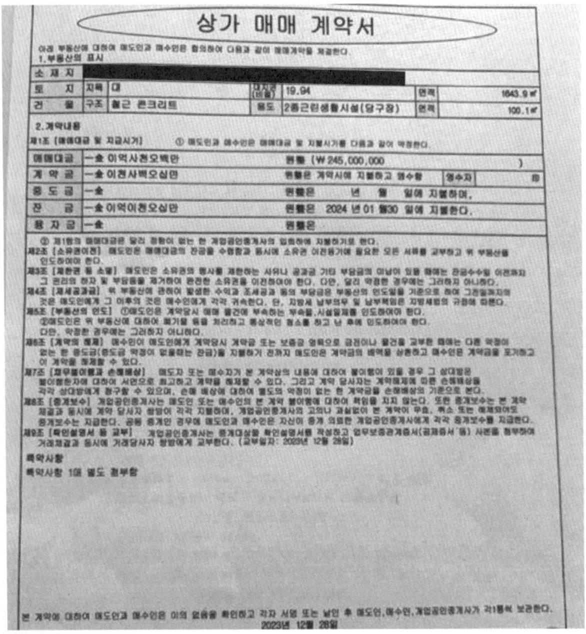

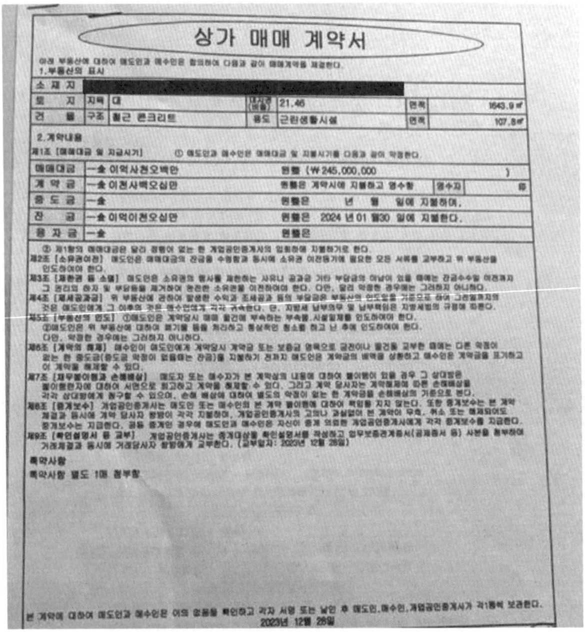

결과적으로, 합리적인 가격으로 당구장을 매입하였다.

이후 피트니스 임차인과 협의한 바대로 아래와 같이 임대차 계약을 체결하였다.

[상가 월세 계약서 이미지]

매매 및 임대 조건에 따른 투자 수익률은 아래와 같다.

임대 조건 5000/550만 원 세팅 수익률 9.96%[(550만 원 – 172만 원)*12 / (9.2억 원 – 0.55억 원 – 4.1억 원)]

여기서 시사점은 주거형 상품 대비 중개사가 임차인을 열정적으로 구해 줄 것이란 생각을 하지 않는 것이 좋다는 것이다.

다만, 법정 중개 수수료를 초과하는 금액에 대해 컨설팅 수수료 명목으로 챙겨 주면서 그 열정을 이끌어 낼 줄 알아야 한다.

추가로 해당 투자 건은 4명이 투자한 건으로 자본금의 한계를 극복하고 공동 투자자들과의 시너지 창출을 성공적으로 한 건으로 공동 사업 약정서를 어떻게 작성했는지 개인 정보를 제외하고 살펴보자.

공동 투자의 핵심 – 자금 계획 및 투자 성향의 조화

부동산 공동 투자는 자금 부담을 줄이고 투자 기회를 확대할 수 있는 장점이 있지만, 투자자 간의 성향과 계획이 맞지 않을 경우 오히려 갈등을 초래할 수 있는 리스크가 존재한다.

따라서, 공동 투자를 고려할 때는 단순히 자금을 모으는 것이 아니라, 투자 성향과 목표가 유사한 파트너와 함께하는 것이 매우 중요하다.

공동 투자의 가장 큰 변수 중 하나는 투자 성향의 차이이다.

일부 투자자는 안정적인 수익을 목표로 장기 보유 전략을 선호하는 반면, 다른 투자자는 단기 차익 실현을 원할 수 있다.

이러한 차이가 존재할 경우, 투자 대상 선정부터 운영 방식, Exit 전략 매각 시점까지 이견이 발생하게 되며, 이로 인해 투자 실행 과정에서 난항을 겪을 가능성이 커진다.

또한, 자금 계획이 맞지 않을 경우 Exit^{출구전략} 과정에서 큰 분쟁이 발생할 수 있다.

공동 투자자 중 한 명이 중도에 투자금 회수를 원할 경우, 나머지 투자자들에게 부담이 전가될 수 있다.

이러한 문제를 사전에 방지하기 위해, 초기 자금 계획을 명확히 설정하고, 각자의 역할과 책임을 명문화하는 것이 필수적이다.

공동 투자 시 반드시 고려해야 할 요소

분담 사항 및 역할의 명확화

각 투자자의 역할과 책임을 명확히 설정해야 한다.

운영, 관리, 비용 분담, Exit 전략 등에 대한 사항을 사전에 조율해야 갈등을 최소화할 수 있다.

약정 체결 및 법적 보호 장치 마련

공동 투자 계약을 체결하여 각자의 지분 비율과 의무 사항을 명확히 규정해야 한다.

특히, 공동 명의로 부동산을 보유할 경우, 사업자 등록 신청 시 필요한 서류를 준비하고, 책임 소재를 명확히 할 수 있는 방안을 마련해야 한다.

Exit 전략 및 분쟁 조정 절차 마련

사전 합의 된 매도 전략을 설정하여 Exit 과정에서의 분쟁을 방지해야 한다.

예를 들어, 일정 기간 보유 후 매도, 지분 양도 방법, 매각 의사 결정 방식 등을 구체적으로 정해 둘 필요가 있다.

공동 투자 계약 조건 및 운영 구조

본 공동 투자는 계약 기간을 2년으로 설정하고, 보유 기간 이후 매각을 진행하는 것을 기본 원칙으로 사전에 협의하였다. 이를 통해 단기적인 임대 수익뿐만 아니라, 보유 후 매각 차익을 목표로 하는 전략을 수립할 수 있도록 하였다.

공동 투자에서는 각 투자자의 역할과 권리, 책임을 명확히 설정하는 것이 중요하며, 이를 기반으로 이익 배분 방식과 Exit 전략을 구체적으로 수립하였다.

이익 배당 및 행정 업무 분담

투자자 중 한 명이 대출 명의를 제공하는 대신, 매 분기3개월마다 배당을 담당하며, 세금 계산서 발행, 세금 신고 등 행정적인 서류 작업을 맡기로 하였다. 이는 공동 투자의 원활한 운영을 위해 실질적인 업무를 담당할 투자자가 필요하다는 점을 고려한 결정이다.

또한, 해당 투자자는 추가적인 행정 업무 수행에 대한 보상을 받을 필요가 있으므로, 이에 대한 수수료를 월세의 일정 비율예: 1%로 설정하였다. 이를 통해, 공동 투자에 참여한 투자자들이 실질적인 업무 부담을 덜고, 관리 업무를 체계적으로 진행할 수 있도록 하였다.

프로젝트 기여자 보상 체계

본 건에서는 부동산 물건을 발굴하고, 사업성을 분석하며, 계약 체결 전후의 각종 협의를 대행한 투자자에게 합당한 보수를 제공하는 구조를 마련하였다.

이에 따라, 매각 차익의 10% 또는 2천만 원 중 작은 금액을 보상으로 지급하는 것으로 협의하였다.

이를 통해 프로젝트 기여자의 노력과 시간을 적절히 보상하며, 향후 추가적인 부동산 투자 프로젝트에서도 지속적인 참여를 유도할 수 있도록 하였다.

이러한 보상 체계를 사전에 명확히 설정함으로써, 공동 투자자 간의 불필요한 갈등을 방지하고 공정한 수익 배분이 가능하도록 하였다.

지분 매각 및 Exit 전략

공동 투자자는 보유 기간 동안 지속적인 임대 수익을 공유하며, 필요할 경우 지분을 매각하여 Exit할 수 있는 방안을 마련하였다.

지분을 매각하고자 하는 투자자는 연차별로 5%의 상승률을 적용한 금액을 받고 Exit할 수 있도록 하였다.

이를 통해, 투자 기간이 길어질수록 투자자의 이익이 증가할 수 있도록 유도하였으며, 다른 투자자가 지분을 인수하는 방식으로 원활한 Exit가 가능하도록 설계하였다.

분쟁 발생 시 관할 법원 지정 및 법적 절차

공동 투자 계약을 체결할 때, 예상하지 못한 분쟁이 발생할 가능성을 고려하여 사전에 해결 방안을 마련하는 것이 중요하다. 이에 따라, 본 계약에서는 분쟁 발생 시의 관할 법원을 명확히 지정하여, 분쟁이 발생하더라도 신속하고 효율적인 법적 해결이 가능하도록 하였다.

관할 법원을 사전에 명시하는 이유는 다음과 같다.

계약 당사자 간의 분쟁이 발생할 경우, 어떤 법원을 통해 소송을 진행할지를 두고 추가적인 논쟁이 생길 가능성을 차단할 수 있다.

공동 투자자가 여러 지역에 거주하고 있을 경우, 소송 관할을 특정하지 않으면 법적 절차가 복잡해질 수 있다.

사전에 합의된 관할 법원을 통해 신속하고 원활한 분쟁 해결이 가능하도록 함으로써, 법적 비용 및 시간적 낭비를 줄일 수 있다.

이에 따라, 모든 계약 당사자는 관할 법원 조항을 계약서에 포함하여, 이후 발생할 수 있는 법적 분쟁에 대비하도록 하였다.

계약 체결 시 법적 효력을 위한 절차

공동 투자 계약의 법적 효력을 강화하고, 추후 발생할 수 있는 계약 불이행 및 권리 분쟁을 방지하기 위해, 계약 당사자 전원은 반드시 인감도장을 날인하고 인감 증명서를 첨부하도록 하였다.

인감도장 날인은 계약의 정당성과 법적 구속력을 높이는 중요한 절차이다.

계약 당사자 전원의 인감 증명서를 징구함으로써, 서명이 본인의 의사에 따라 이루어졌다는 것을 명확히 할 수 있다.

향후 계약과 관련된 법적 분쟁이 발생할 경우, 인감 증명서를 통해 계약의 진정성을 입증할 수 있다.

이와 함께, 본 계약에 따라 사업자 등록을 진행할 경우, 해당 서류계약서, 인감도장 날인본, 인감 증명서를 첨부하여 세무서에 제출해야 한다.

사업자 등록 절차에서는 계약의 법적 효력을 확인하는 과정이 필수적으로 요구되며, 모든 계약 당사자가 이에 동의한 상태에서 서류를 제출해야 한다.

세무서에 제출된 사업자 등록 서류는 향후 세금 신고 및 공동 투자 운영 과정에서 중요한 법적 근거가 된다.

계약 체결 후 사업자 등록이 정상적으로 완료되어야 세금 신고 및 매출 관리가 원활하게 진행될 수 있다.

결론 – 법적 안정성을 확보하기 위한 계약 체결 절차

본 계약에서는 분쟁 발생 시 소송 관할 법원을 명확히 지정하여, 이후 발생할 수 있는 법적 분쟁을 최소화하고 신속한 해결이 가능하도록 설계하였다.

또한, 계약 체결 시 법적 구속력을 강화하기 위해, 계약 당사자 전원이 인감도장을 날인하고 인감 증명서를 제출하도록 규정하였다.

추가적으로, 본 계약을 기반으로 세무서에 사업자 등록을 진행해야 하며, 계약서 및 관련 서류를 공식적으로 제출함으로써 법적 절차를 완비하는 것이 중요하다.

이를 통해, 공동 투자 과정에서 발생할 수 있는 법적 리스크를 사전에 방지하고, 투자자 간의 신뢰를 기반으로 한 안정적인 운영이 가능하도록 하였다.

단독 투자 시 장점은 투자 수익을 단독으로 향유할 수 있고 신속한 의사 결정이 가능하여 기회를 놓치지 않을 수 있다. 단점으로 공유지의 비극으로 누군가는 하겠지라는 마인드가 있어 주도적인 역할을 하는 사람이 없을 경우 투자 자산이 방치되어 부정적인 영향을 끼칠 수 있다.

90% 이상 분석을 한 물건, 단독 투자 후 자신의 자본금이 여유로울 경우에 단독 투자를 고려해 보자.

공동 투자자를 구하는 것은 결혼 상대를 고르는 것과 비슷하다. 투자 가치관과 성향은 비슷한 사람을, 능력은 내가 가지지 못한 능력을 가진 사람을 선택해야 오래간다.

공동 투자자 수는 투자 금액 규모에 따라 다르지만 최대 공동 투자자 수는 4인 이하로 국한하는 것이 의사 결정 및 관리의 편의성 측면에서 추천한다.

자기 자본이 4억 이상 필요할 경우 4인으로 모집하고 그 이하의 투자

규모이면 3인 이하로 구성하면 된다.

공동 투자자가 3인일 경우 역할 배분에 대해 예시를 들어 보자

한 명은 외향적이고 적극적인 사람이 필요하다. 물건 수집, 중개사 초기 협의, 개략 사업성 분석 등을 타 투자자에게 전달하는 선봉장 같은 역할을 수행해야 한다.

다른 한 명은 첫 번째 한 명이 주장하는 물건에 대한 단점을 보려고 해야 하며 객관적이고 냉철하고 꼼꼼한 성향이면 상호 보완 관계가 된다. 구체적인 사업성 분석 및 타 대안이 될 수 있는 물건을 역으로 제시하여 심사 및 리스크 관리 부서의 역할을 해야 한다.

마지막 한 명은 세명 중 가장 자금력이 되는 사람이어야 하며 제3자 적인 입장에서 기타 2인이 토론하여 도출한 결과물에 대해 보다 더 객관적인 입장에서 중재 또는 의견 조율을 하는 사람이어야 한다.

대출 명의, 자금 관리, 딜 소싱, 투자 물건 발굴, 공동 사업 약정서 작성, Cash Flow 작성, 세금 계산서 발행, 사업자 등록 신고, 협력사 선정 및 협의법무사, 중개사, 대출 은행, 임차인 협의월세 지연 시 독촉, 내용 증명 발송 등 등이 있다.

상기 업무들은 직장을 다니면서 혼자서 수행하려면 초기에 많은 부담이 있다.

따라서, 2가지 안으로 공동 투자를 진행하는 것을 추천한다.

외향적이고 적극적인 사람이 상기 업무를 전부 수행하고 매각 차익 발생 시 10~20%를 우선 수취 하고 타 투자자는 보조적인 역할을 하는 한 가지 방법과

다른 안은 특정인에게 매각 차익 배분율을 주지 않되 딜 소싱, 개략 사업성 분석을 통해 우량 투자 물건을 발굴한 사람은 모든 사무 업무에서 배제시키고 타 투자자 2명이 모든 업무를 수행하는 것이 합리적인 안이라고 생각한다.

> 맺음말

부동산은 단순한 숫자와 자산이 아니라, 사람들의 삶과 꿈이 담긴 공간이다. 그 속에서 우리는 투자자로, 운영자로, 때로는 관리자로서 현실과 이상 사이를 오가며 각자의 길을 만들어 간다.

김과장은 운용사에서 맡은 프로젝트를 하나하나 해결해 나가며 깨달았다. 부동산 투자와 운용은 단순한 수익 계산을 넘어 사람과 사람을 연결하고, 공간을 가치 있게 만드는 일이었다. 때로는 성공을 통해 보람을 느꼈고, 때로는 실패를 통해 무거운 책임감을 배웠다.

상가 투자도 마찬가지다. 직접 발로 뛰며 시장을 조사하고, 수익성을 분석하며, 임차인을 유치하기 위해 밤낮으로 고민했던 순간들. 매매 협상 테이블에서의 치열한 심리전과 계약서의 작은 조항 하나까지 세심하게 검토하며 고민했던 시간들이 쌓여 결국 하나의 이야기가 된다.

이 글을 읽고 있는 여러분도 부동산과 마주할 때마다 저마다의 고민과 도전 속에서 새로운 기회를 발견하리라 믿는다. 때로는 고단하고 힘들어도, 그 안에서 성장하고 배우는 자신을 발견할 것이다. 우리가 만난 수많은 변수와 예측할 수 없는 상황들 속에서도 흔들리지 않고 꾸준히

걸어가는 것이 중요하다.

부동산 전문가로서 혹은 투자자로서, 우리는 끊임없이 선택과 결정을 해야 한다. 잘못된 선택은 때로 큰 손실로 이어지고, 성공적인 투자 뒤에는 보이지 않는 수많은 노력이 숨어 있다. 하지만 그 모든 과정을 통해 우리는 한 걸음 더 나아가고 성장해 간다.

부동산 시장은 변하고, 사람들의 생각도 변하지만, 변하지 않는 건 우리가 그 안에서 함께 겪어 가는 경험들이다. 누구도 완벽할 수는 없지만, 끊임없이 배우고 노력하는 사람에게는 반드시 또 다른 기회가 온다.

모든 부동산 현업 종사자와 투자자 여러분께 이 글이 작은 위로와 용기가 되길 바라며, 앞으로도 함께 고민하고 성장하는 동료로서 응원하고 싶다. 언제나 발로 뛰며, 현실 속에서 답을 찾아가는 여러분에게 진심 어린 응원을 보낸다.

앞으로도 김과장처럼 현실 속에서 부딪히며 배우고 성장하는 우리 모두가 되기를 바란다.

MEMO

MEMO

펴낸 날	2025년 5월 16일
저자	DAVID.최
디자인·편집	서은영
책임 마케팅	최필주
펴낸 곳	드림디벨롭
출판 등록	제 2021-000046호
주소	김포시 김포한강9로 75번길 66 505호-F76
전화	010-5107-3800
이메일	feelv77@naver.com
ISBN	979-11-975778-9-5 13320

· 이 책은 저작권법에 따라 보호받는 저작물이므로 무단 전재와 무단 복제를 금하며, 이 책의 내용을 사용하기 위해서는 일부라도 반드시 저작권자와 드림디벨롭의 서면 동의를 받아야 합니다.

· 잘못되거나 파손된 책은 구입한 서점에서 교환해드립니다.

· 드림디벨롭은 독자 여러분의 아이디어와 원고 투고를 기다리고 있습니다.
  생각하시는 기획이나 원고를 책으로 만들고 싶으시다면 드림디벨롭의 문을 두드려 주세요.